劉君祖易經世界

身處變動的時代，易經教你掌握知機應變，隨時創新的能力。

易經的第一堂課

天道驚險人驚艷

劉君祖——著

目錄

易學小教室

八卦定吉凶，吉凶生大業——《易經》卦義解析

唯變所適——《易經》的現代意義

附錄

學《易》前的準備

《易經》中蘊涵著宇宙間的原理和天地人的應對關係，學習《易經》可以砥礪思維，提升生命的格局。只要潛心研讀，必能有所得。

本書針對易學的原理做了深入的探討，但不可避免的，學習者要先熟記與《易經》相關的專有名詞，例如符號系統（如卦名、卦畫、卦序、爻位名），並理解卦爻間的交互關係（如錯卦、綜卦、互卦），方能順利地進入易學的世界。《易經》的基本概念在書中都有解說，請同時參照「易學小教室」的整理，相信更可得心應手。

許多學習《易經》的學生，都會準備一本《周易》譯注的書，隨時參考《易經》經和傳的原文、注釋與白話解說。這是有心習易者的基本功夫。

演卦容易斷卦難，要學習占卦的技術並不難，難的是解讀所占得的卦，這需要對易理有充分且深入的瞭解，並加入學習者自己對人生乃至宇宙萬物的體會。

這本書有如通往易學核心的階梯，邀請你並帶領你，進入《易經》玄妙豐富的世界！

自序／

天道驚險，人道驚艷

坊間關於《易經》的入門書不少，真能深入淺出、引發初學興趣進窺易學堂奧的實在稀罕。我從青年學易以來，已歷四十載，讀過古今易著數百種，自己因緣際會持續講經也逾廿年，深覺習易門檻甚高，許多社會各領域的菁英往往望之興嘆。大易之道為華夏文明的創意之源，百家思想與各門技藝無不深受啟發與影響，不知易，可說就沒法真正搞懂中國文化。

本書嘗試將《易經》理氣象數的內涵擇要介紹，內容共六十四篇短文，每篇一、兩千字，大致六十四卦的主旨都已談到，再加上些通貫性的論述，雖非《易經》全貌，用心的讀者應能管窺。前幾篇先簡介基礎知識，教讀者認識卦爻符號，以及符號間的運算法則，配上圖表說明，大家可按圖索驥閱讀。至於神妙的易占，方法其實簡易，有人示範照著做，一下就可學會，本書附錄「大衍之術」，延用古法以蓍草占卦，雖然程序上比較繁複，但它非常豐富，不只問占而已。且現今已有人設計出確實可用的電腦程式，在觸控手機上幾秒鐘就可得出卦象。演卦容易斷卦難，易學的根本仍在易理的融會貫通與認真實踐。本書對易占原理及應用案例多有著墨，讀者善加玩味，當有所悟。

易學小教室的專欄設計，在主要行文之外，提供讀者一些基本的背景知識，中國文化傳承數千年，這些觀念和法式的影響不可忽視。與易理易象有關的詩文不太多，這回的匯集算是嶄新的嘗試，希望讀者喜歡。詩易會通，文以載道，情真意切有助人生修行。

《易經》自古即稱作「天人之學」，探討的是天道演化與人事興革的原理，以及人和自然環境的互動關係。上經卅卦，始於乾、坤，終於坎、離，內容從開天闢地談到文明昌盛，顯示自然演化的歷程中，生命的蘊養成長遍歷艱險。下經卅四卦，始於咸、恒，終於既濟、未濟，內容從戀愛婚姻談到人生的終極成敗，細數離合悲歡與愛恨情仇。

胡蘭成晚年曾書一聯：「天道驚險，人道驚艷。」易象、易理給人的啟示也是如此。人生際遇變幻多端，無論意氣風發或哀悲愁苦，總是出人意表的多，按計施行的少，若能豁達領受，都有無限滋味。

習易四十年，回顧自己生涯以及周遭大環境都有驚天動地的變化，許多事絕非昔日所能夢想。鬱沮、驚詫、憂煩容或有之，內心深處卻十足珍惜所有的閱歷因緣。今生今世真是曠古以來絕佳的習易機會，卦卦爻爻，均有豐富而深刻的人事印證啊！

大塊文化出版公司的郝明義先生為我多年舊識，對出版這「心之產業」有足夠熱忱，對世事不平也勇於抗聲而積極參與。《莊子．齊物論》：「大塊噫氣，其名為風。是唯無作，作則萬竅怒呺。」清心聆聽，由地籟可通天籟。李白詩：「陽春召我以煙景，大塊假我以文章。」謝謝他們給我這個機會，再和識與不識的讀者談談心。

《易經》概念導引

1 什麼是《易經》？

《易經》是中國流傳最古老的一部經典，名列四書五經之首，有「群經之王」的稱號。經文本身才四千多字，對中國文化的影響卻無比深遠，幾乎中國所有的學問和技藝，都直接或間接受其啟發。《易經》中有神秘的易占、易數，透過術數之學的推廣，和傳統的平民生活也密切相關。自古迄今，論述《易經》的文字當以億計，而且隨著時代的演變，還不斷產生嶄新的詮釋和應用，好像易海無涯，取之不盡，用之不竭。

《易經》屬於集體創作，從傳說的伏羲畫卦開始，可能經過周文王姬昌修訂卦、爻辭（爻音一ㄠˊ），到孔子經傳思想的集大成，長達四千多年才定稿。書中充滿了歷代聖賢豐富的生活經驗和深沉的思想智慧，後浪推動前浪，義理愈研愈精，在各方面都達到了難以企及的高峰。

人類文明的發展，可視為一系列發掘問題、解決問題的歷程，《易經》的結構也是如此。六十四卦、三百八十四爻就象徵各種類型的宏觀及微觀的問題，而卦、爻辭即是最好的答案。熟習易占的人都知道，占卦基本上就是一問一答的互動，問得愈深入，答得就愈精彩。

卦、爻辭的文字相當精簡，通常都是描述現狀、預測未來，並告知行動準則，以謀趨吉避凶。人生任何決策，總得以相當的預測為基礎，往前看得愈遠、愈準，成功的概率自然就比較高。

《易經》的「易」字，主要是指「變易」，成住壞空、生老病死，面對宇宙間不斷變動的現象，人應當如何適應、理解及運用呢？「易」又指「不易」，變動的表象背後，自有永恆不變的法則，只要我們深入掌握，再去處理事情就能化繁為簡，以簡御繁，故「易」又有「簡易」的含義。

佛教有三法印之說，即「諸行無常」、「涅槃寂靜」、「諸法無我」。這和《易經》變易、不易、簡易的說法相通。

「簡易」是悟道之後的境界，表示修行的過程中得節制嗜欲，無私無我。莊子說：「嗜欲深者天機淺。」（《莊子‧大宗師》）反過來說，嗜欲淺者，天機必深，天機深，才能徹悟大道。

「變易」是隨時間流逝而產生的變化，要研究「變易」，就得理解時間的本質，〈易傳〉中處處強調「時」的重要，可謂其來有自。《論語》開宗明義第一章：「學而時習之，不亦悅乎！」孟子推崇孔子為「聖之時者」，人生所有的學習必須與時俱進，才能發揮實效。

「學」字的甲骨文，就是小孩子雙手玩六爻之象（下頁圖），說明了啟蒙得從《易經》開始，學易才能有所見，而這就是覺悟的「覺」字。「習」字是小鳥練飛之象（下頁圖），下半的「白」字有二說：一為「自」，也就是得靠自己體會；一為「日」，代表必須天天勤練。

《易經》中的坎卦（䷜）稱「習坎」，小過卦（䷽）則取象小鳥練飛，表示人生必須經歷坎險

甲骨文的「學」字，有小孩子雙手玩爻之象。

「習」字上半部的羽，狀如小鳥拍翅學飛。

的磨練，才能學到東西，不斷在嘗試錯誤中成長。

時間一去不回頭，是人生最寶貴的資源，而時機、時勢的變化尤須精確掌握，機敏回應。形勢比人強，個人很難跟大環境對抗，所以在形勢形成初期的醞釀階段，就得見微知著，早做準備。《易經》各卦、各爻所言，其實就在教人知機應變。

人的稟性有剛有柔，資源有多有寡，所處環境有順有逆，如何應事合宜，還得講究「時中」之道。「中」是陰陽和合、剛柔互濟的概念，恰到好處，無過與不及，中才能生，才可超越及化解世事與人性中充滿的矛盾。「時中」表示中道不是一成不變，而是因時因地制宜，在每一情境中尋求最高明的辦法。

萬物皆分陰陽，而且陰中有陽、陽中有陰，彼此並非絕無融通的可能，任何一邊擴張過度，還會陽極轉陰、陰極轉陽，造成戲劇性的形勢逆轉。這種思維模型切合太極圖的意涵，稱為「太極思維」，在《易經》卦、爻中處處體現。

因此，任何形式的陰陽互動，皆以和為貴，一旦產生激烈衝突，必然兩敗俱傷。《易經》中以「雨」字象徵和合，以「血」字象徵衝突，提醒人處於和戰之際得審慎思量。例如坤卦尚柔（六爻全陰，䷁），本宜順勢包容，若走極端，和乾卦（六爻全陽，䷀）象徵的強權對抗，上爻爻辭即稱：「龍戰于野，其血玄黃。」小畜卦（䷈）的唯一陰爻處於眾陽之間，以小博大，生存壓力很大，卦辭稱「密雲不雨」，第四爻爻辭且出現「血」字，看來最好還是謀求和解。到了上爻，爻辭稱「既雨既處」，終於相安無事。

《易經》中的解卦（䷧），講求「赦過宥罪」，冤家宜解不宜結，傳文中即有一場傾盆大雨的景象：「天地解而雷雨作，雷雨作而百果草木皆甲坼。」所謂「渡盡劫波兄弟在，相逢一笑泯恩仇」，這才是處理人事最高的解法。

多年學《易》，我把易學的核心要義整理成十二個字：「至誠如神，敬慎不敗，唯變所適。」誠信為立身之本，精誠所至，金石為開，易理之精確、易占之神準，皆繫於此。真心為「慎」，人於所愛所重，必然全力維護，先求立於不敗之地，再等待取勝的良機，《孫子兵法》稱：「知彼知己，百戰不殆。」《易經》也是如

太極圖。渾沌的宇宙有無限大，故稱「大極」或「太極」，其中分出性質對立的陰與陽，並發生交互作用。太極圖將陰與陽的互動關係，以極簡的形式呈現。圖中黑色與白色分別代表陰與陽。白色中有黑點，代表陽中有陰；黑色中有白點，代表陰中有陽。

此，絕不盲動、躁動。世事變動不居，無可拘執，養成隨時創新、靈活應變的能力最重要。「唯變所適」是〈繫辭下傳〉第八章的話，前接「不可為典要」一句，徹底打破迷信教條的心態。六十四卦、三百八十四爻，告訴我們那麼多應事的法門，最後又一句將之解消，這才是《易經》最圓融高明之處！

易學小教室

《易經》名詞解釋

（一）易

《易經》的「易」字解釋有很多，歸納起來有以下幾種。

1.上日下月為易。「易之為字，從月從日陰陽具矣。」「易者，日月也。」「日月為易，剛柔相當。」

2.金烏，大日，生命。「易，飛鳥形象也。」

3.化繁就簡則為易。《簡易道德經》：「簡則簡，易則易。簡則簡之易，易則易之簡，萬物皆在一簡一易中矣。」

4.〈繫辭傳〉則說：「生生之謂易。」

5.清代的陳震《周易淺述》中則將「易」的定義分為兩種。

(1)交易：陰陽寒暑，上下四方之對待是也。

(2)變易：春夏秋冬，循環往來是也。

6.此外，「易」歷來有一名含三義的說法。

(1)簡易，即「易」雖包羅萬象，但有一個最簡化的公式或模式，一切事物和現象都可以用這個模式來說明，即「大道至簡是也」。

(2)變易，即「易」是講變化之道的。

(3)不易，即「易」雖講變化，但變化之「道」是永恆不變的，也即「以不變應萬變」。

(二) 經

「經」字的本義是指織布的縱線，跟「緯」相對。如《文心雕龍・情采》云：「經正而後緯成，理定而後辭暢。」意即經線正，緯線才能成；文章的內容定好了，文辭才能流暢。後來用「經緯」之義引申為南北東西，即南北為「經」，東西為「緯」，如《考工記・匠人》云：「國中九經九緯。」因為沒有「經」正，也就沒有「緯」成。所以「經」是主要的。人體氣血通路的主幹也就稱為「經」，如「經脈」、「經絡」等。正因為「經」的重要，所以記載最高思想或道德標準的書籍、具有權威性的著作或宣揚某一宗教教義的書籍，就稱為「經典」、「經書」等。這一點在《唐書・經籍志》體現出來：「四部者，甲乙丙丁之次也，甲部為經。」另外，「經」又通「徑」。

由此可見，「經」字在「易經」二字中所蘊含的意義很明顯。首先是通「徑」字，路徑、途徑、門徑。即辨別、反映、揭示、掌握事物發展變化的軌跡、規律之方法。其次是對事物發展變化之軌跡、規律的認識、心得體會。最後是論述事物發展變化之軌跡、規律的主要的思想理論、經典。

《易經》的產生

關於《易經》的產生年代，目前說法不一，據學者們考證，應該是五千年前，也有人說是七千年前，而成書的年代則是在商末周初。而關於《易經》的起源，傳統上則一般認為《易經》起源自〈河圖〉、〈洛書〉。傳說在遠古時代，黃河出現了背上畫有圖形的龍馬，洛水出現了背上有文字的靈龜，聖人伏羲因此畫出了「先天八卦」。殷商末年，周文王被囚禁在羑里（今河南省湯陰縣北），又根據伏羲的「先天八卦」演繹出了「後天八卦」，也就是「文王八卦」，並進一步推演出了六十四卦，並作卦辭和爻辭。〈易傳〉是春秋時期的孔子及其弟子所作。所以《易經》又有「人更三聖，世歷三古」的說法。意思是說：《易經》的成書，經歷了上古、中古、下古三個時代，由伏羲、文王、孔子三個聖人完成。這個說法明顯有問題，將八卦推演成六十四卦不可能到文王才完成，據今本〈繫辭傳〉論述，神農氏時即有益、噬嗑卦的應用。卦爻辭也不可能到文王才寫。這些都不合乎思想發展的自然程序。

歷史上的《易經》，據說有三種，即所謂的「三易」。一曰《連山》，產生於神農時代的《連山易》，是首先從「艮卦」開始的，象徵「山之出雲，連綿不絕」。二曰《歸藏》，產生於黃帝時代的《歸藏易》，則是從坤卦開始的，象徵「萬物莫不歸藏於其中」，表示萬物皆生於地，終又歸藏於地，一切以大地為主。三曰《周易》，產生於殷商末年的《周易》，是從乾、坤兩卦開始，表示天地創始，萬物並生。《連山易》和《歸藏易》已經失傳，我們看到的《易經》也就只有《周易》一種了。

2 認識卦爻符號

《易經》和古今中外許多經典不同之處，在於它有一整套卦爻符號的表意系統，遠在文字發明以前就已創立。若依傳說伏羲畫卦的說法，六、七千年前已有了八卦。「卦」字從「圭」、從「卜」，「圭」為信物，「卜」以求信，似乎切合卦的本意。卦亦通「掛」，上古結繩為治，遇到生活上有重大疑難，一時思索不通，綁個繩結高掛在日常出入之處，朝思暮想，想通了就把它鬆解下來，再掛上另一個新結。不斷提出問題，不斷尋求解答，本來就是《易經》的基本結構。

「爻」字為《易經》所獨有，字形很可能就是兩個繩結，小問題搞個小結，大問題搞個大結，上下合看又有繩索交纏之狀。人生面對一些懸而未決的難題，始終思緒交纏，牽掛在心，大概就是卦和爻的本義吧！

爻分陰陽，是《易經》最基本的單元符號。陽爻一實線（⚊）、陰爻一虛線（⚋），明顯即從男根女陰的生殖器官取象。「易」有生生不息之義，伏羲當年畫卦，從人體直接悟道，小宇宙和大宇宙皆蘊自然之理。

積三爻成八卦，三爻上為天、下為地、中為人（天、地、人稱為「三才」），代表空間的佈局。由初爻而上，一「始」、二「壯」、三「究」，則象徵時間變化的歷程，也就是說，任何事態的演變，皆可取三個點代表之：開始、結束及中間發展最壯盛的高點。八卦兩兩相重，成六十四卦，始、壯、究接著始、壯、究，代表終而復始之義。六畫卦中，三才之位又有了新的安排：初、二爻為「地」位，三、四爻為「人」位，五、上爻為「天」位，於是三才亦分陰陽。六畫卦確立後，《易經》以時空合一的象徵系統已然完備，九畫、十二畫全無必要，六十四很可能是宇宙中的一個常數，像人體基因DNA的配置就是4^3，即六十四種。

基因密碼有排序，六十四卦也有排序。《易經》分為上、下經，上經從乾、坤到坎、離，共三十卦，代表宇宙從開天闢地、生命源起到人類文明登上舞台的自然演化歷程；下經從咸、恒到既濟、未濟，共三十四卦，闡明人類社會從戀愛、婚姻到事業成功失敗的奮鬥經驗。

前人學《易經》，首先得背會三首卦歌：〈八卦取象歌〉、〈分宮卦象次序〉（又稱「京房八宮卦序」），以及〈上下經卦名次序歌〉。滾瓜爛熟之後，才算進入《易經》的符號世界。中國經典的背誦功夫很重要，自然熏習，心會神通，這一點電腦沒法代勞。

八卦有其基本特性，不論象徵什麼實物，其功能不變，學《易》者亦須牢記：乾健、坤順、震動、巽入、坎陷、離麗、艮止、兌悅。

乾卦（☰）取象於「天」，天體健行不已，所有剛強勁健、勇猛精進的東西，都可用乾來象徵，例如乾為君、乾為馬。

坤卦（☷）取象於「地」，大地柔順包容，坤為母，坤為民眾，坤為牛。「坤」字從土、從申，有草木深根入土、順勢茁壯之意。人生須善用土地及民眾的資源，以務實奮鬥。

震卦（☳）取象於「雷」，雷鳴時驚天動地，人生種種行動，皆以震卦象之。震卦亦有生機、主宰之義。人生須確立內在生命的主宰，發為外在積極的行動。

巽卦（☴）取象於「風」，風行無孔不入，所有低調、沉潛、深入的活動，皆以巽卦象之。

坎卦（☵）取象於「水」，水行於地面低窪之處。江湖險，人心更險，稍一不慎即陷溺其中。

離卦（☲）取象於「火」，也有孔目相連的網罟之象，火光閃耀，照亮一切，結繩作網，以行漁獵，都是人類文明史上重要的發現和發明。「離」即「麗」，有附麗、亮麗之意，火須依附於物件上才能燃燒，個人得依附於社會群體，在縱橫交織的人際網路中找到定位，才能生存。「麗」字本係兩頭鹿相依相偎，靠在一起，所謂伉儷情深，情景十分動人。

艮卦（☶）取象於「山」，橫亙阻隔於前，不得不止。人心欲望無窮，也得調節克制，適可而止。

兌卦（☱）取象於「澤」，開口向上，內積多了，必然向外宣洩。「兌」字加「言」成「說」，加「心」成「悅」，加「金」成「銳」，加「肉」成「脫」，都有可能傷人傷己，故兌卦又有毀折之象。

八卦的屬性陰陽各半，〈易傳〉中也賦予其擬人化的象徵：乾為父，坤為母；震為長男，巽為長女；坎為中男，離為中女；艮為少男，兌為少女。男女兩性在不同的年齡階段，展現各異的生命特色。

一卦六爻的結構，可以將之立體化成金字塔式的組織形態：初爻象徵廣大基層，五爻代表最高領導，一般定義為君位。下三爻組成下卦，上三爻組成上卦，上下卦的互動，就像在朝和在野、中央和地方、政府和民眾、管理階層與員工一樣，關係的好壞足以影響全局的安危。上卦的領導班子，除代表君位的五爻外，四爻代表執行政務的管理高層，上爻代表退休的大老，提供諮詢以利施政。這個科層化的模型非常有用。人在社會中不可能不過組織生活，組織中各種層級關係的互動，絕對影響個人的前途發展。

下卦又稱「內卦」，上卦又稱「外卦」，由下而上，由內而外，人生事業的發展往往如此，內外的關係也可由上下卦的互動看出。

易學小教室

八卦的名稱及基本意義

八卦和六十四卦都是由陽爻（⚊）和陰爻（⚋）兩種符號所組成。由陽爻和陰爻組成的三畫卦，共有八種變化，是為八卦。宋朝學者朱熹編了一首〈八卦取象歌〉，讓初學者在學《易》時，更容易記誦八卦的卦形：

乾三連☰　坤六斷☷

震仰盂☳　艮覆盌☶　（艮音ㄍㄣˋ）

離中虛☲　坎中滿☵

兌上缺☱　巽下斷☴　（兌音ㄉㄨㄟˋ，巽音ㄒㄩㄣˋ）

乾、坎、艮、震、巽、離、坤、兌各卦，分別取象於天、水、山、雷、風、火、地、澤。初學者亦須記誦，以方便背誦六十四卦卦名，以及掌握卦的要義：

乾為天　坎為水　艮為山　震為雷
巽為風　離為火　坤為地　兌為澤

八卦特性

〈說卦傳〉稱：「乾，健也；坤，順也；震，動也；巽，入也；坎，陷也；離，麗也；艮，止也；兌，悅也。」這一段說明八卦各自的特性。

「乾，健也」，為純陽之卦，其象為天。乾卦之德為剛健，剛強而健全，起主導作用，表示天體運行、春夏秋冬四時更替，任何力量都難以改變。

「坤，順也」，是純陰之卦，其象為地。天為氣之父，地為物之母，天主動、地從之。坤德柔順，順從大自然的規律而產生萬物，有吸收一切能量的特性。

「震，動也」，兩陰爻在上，一陽爻在下，其象為雷。秋冬間潛於兩陰之下的陽氣，春天便開始向上向外發展，驅陰邪震萬物而萌發。震卦之德為震動，表示陽剛不願被陰邪所壓制而奮起，不甘落後，主動性強。

「巽，入也」，一陰爻潛入二陽爻之下，其象為風。有一種深入向下、向內發展的趨勢，故為風。巽卦之德為進入，不管有多小的間隙，都能在其間存在，在其中運行，並能運載各種能量。

「坎，陷也」，兩陰爻在外，一陽爻在中間，其象為水。外柔順內剛健，內動而外靜。坎卦之德為下陷，水總存陷於低窪之處，有危險。

「離，麗也」，上下兩爻為陽爻，中間一爻是陰爻，其象為火。表示由中心向外發展，外剛健而內柔順。外動內靜，如火向外部釋放能量，有離散之意。離卦之德為附麗，如同日照作用，使得萬物茁壯而生。

「艮，止也」，一陽爻在上、二陰爻在下，其象為山。上小下大，呈向下發展的趨勢，表示直接發展有阻礙、困難，上實下虛。一個事物發展到了頂點，必須謹慎。所以艮卦之德為阻止，上到山頂再往前走就要下坡，所以必須停住腳步，謹慎思考下一步。

「兌，悅也」，二陽爻在下，一陰爻在上，其象為澤。上虛下實，上有缺損，呈向上發展的趨勢。正因為外虛內實，容易與周圍事物溝通，所以兌卦之德為喜悅，兌又為秋，正是秋收季節，故有喜悅之感。

六十四卦的組成和名稱

八卦兩兩相重，可推演出六十四種變化，形成六十四卦，每一卦都有專屬的名稱。〈分宮卦象次序〉方便學習者記誦六十四卦的組成和卦名：

乾為天　天風姤　天山遯　天地否
風地觀　山地剝　火地晉　火天大有
坎為水　水澤節　水雷屯　水火既濟　（屯音ㄓㄨㄣ）
澤火革　雷火豐　地火明夷　地水師
艮為山　山火賁　山天大畜　山澤損　（賁音ㄅㄧˋ，畜音ㄔㄨˋ）
火澤睽　天澤履　風澤中孚　風山漸
震為雷　雷地豫　雷水解　雷風恒　（解音ㄐㄧㄝˇ或讀ㄒㄧㄝˋ）
地風升　水風井　澤風大過　澤雷隨
巽為風　風天小畜　風火家人　風雷益　（巽音ㄒㄩㄣˋ）
天雷无妄　火雷噬嗑　山雷頤　山風蠱　（噬音ㄕˋ；嗑音ㄏㄜˊ）
離為火　火山旅　火風鼎　火水未濟
山水蒙　風水渙　天水訟　天火同人
坤為地　地雷復　地澤臨　地天泰
雷天大壯　澤天夬　水天需　水地比　（夬音ㄍㄨㄞˋ）
兌為澤　澤水困　澤地萃　澤山咸　（萃音ㄘㄨㄟˋ）
水山蹇　地山謙　雷山小過　雷澤歸妹

	不變	一變	二變	三變	四變	五變	遊魂	歸魂
乾宮	乾	姤	遯	否	觀	剝	晉	大有
震宮	震	豫	解	恒	升	井	大過	隨
坎宮	坎	節	屯	既濟	革	豐	明夷	師
艮宮	艮	賁	大畜	損	睽	履	中孚	漸
坤宮	坤	復	臨	泰	大壯	夬	需	比
巽宮	巽	小畜	家人	益	無妄	噬嗑	頤	蠱
離宮	離	旅	鼎	未濟	蒙	渙	訟	同人
兌宮	兌	困	萃	咸	蹇	謙	小過	歸妹

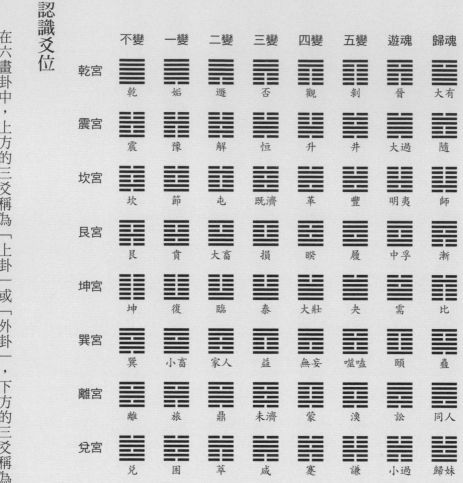

分宮卦象次序

認識爻位

在六畫卦中，上方的三爻稱為「上卦」或「外卦」，下方的三爻稱為「下卦」或「內卦」。每個爻的位置都有固定的稱呼，由下而上，分別稱為初、二、三、四、五、上。此外還須以九和六分別代表陽爻和陰爻。例如，陽爻在初爻位置，稱「初九」，陰爻在上爻位置，稱「上六」，以此類推（如圖）。

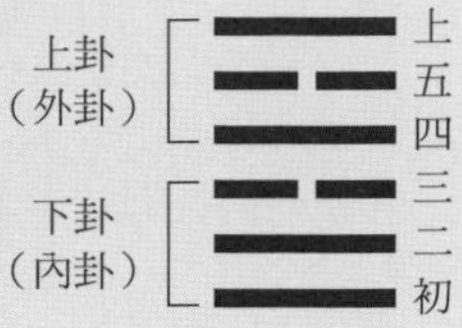

卦的時空意義

解讀卦的意義時，可依空間的佈局，將爻位分成天、地、人，由下而上為地地、人人、天天。若以時間變化的歷程來看，可分為一始、二壯、三究，由下而上為始壯究、始壯究，有周而復始之意。

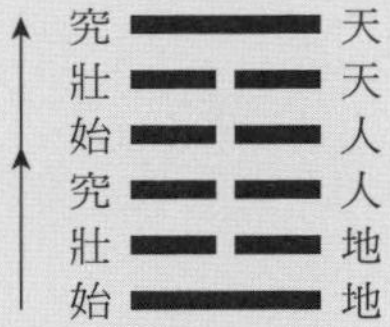

卦辭與爻辭

《易經》中的每一卦都有卦辭和爻辭，卦辭是對全卦的占斷，可用來解說卦的整體意涵。爻辭則針對六個爻，由初爻開始，分別解說。

以蒙卦為例：

卦辭：

蒙。亨。匪我求童蒙，童蒙求我。初筮告，再三瀆，瀆則不告。利貞。

爻辭：

初六。發蒙，利用刑人，用說桎梏。以往，吝。

九二。包蒙，吉。納婦，吉。子克家。

六三。勿用取女，見金夫，不有躬。無攸利。

六四。困蒙，吝。

六五。童蒙，吉。

上九。擊蒙，不利為寇，利禦寇。

上經與下經

《易經》六十四卦分為上、下經，上經有三十卦，下經有三十四卦，且有固定的排序。

上經始於乾、坤，終於坎、離；下經以咸、恒為首，至既濟、未濟為止。上經言天道，闡述自然演化的奧秘；下經重人事，探索人情人性的幽微，離合悲歡，愛恨情仇。由朱熹編撰的〈上下經卦名次序歌〉方便學習者記誦卦的順序，內容如下：

乾坤屯蒙需訟師，比小畜兮履泰否；
同人大有謙豫隨，蠱臨觀兮噬嗑賁；
剝復无妄大畜頤，大過坎離三十備。
咸恒遯兮及大壯，晉與明夷家人睽；
蹇解損益夬姤萃，升困井革鼎震繼；
艮漸歸妹豐旅巽，兌渙節兮中孚至；
小過既濟兼未濟，是為下經三十四。

六爻的金字塔結構

一卦六爻之中，上、下卦的互動，就像在朝和在野、中央和地方、政府和民眾、管理階層和員工。六爻也可以用來比擬金字塔式的組織結構（右圖）：初爻代表基層，四爻代表執行者或管理者，五爻代表最高領導，上爻代表退休的大老。許多人生問題，往往涉及組織和層級關係，這一金字塔結構，可說明解讀層級之間的互動關係。

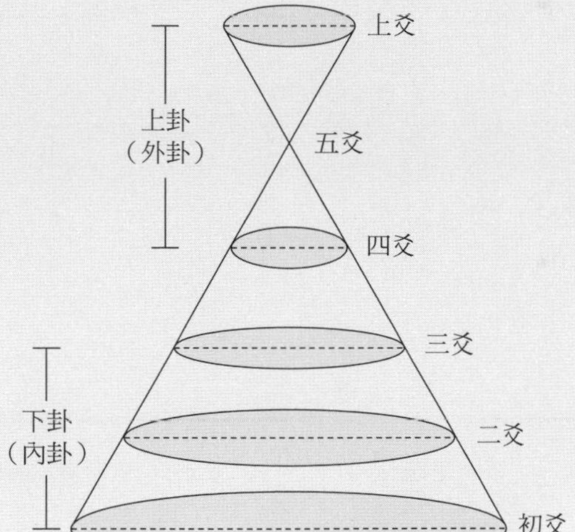

六爻金字塔結構

3 十篇精彩的〈易傳〉

《易經》的經文包括卦的符號、卦名、卦辭及六爻爻辭。卦辭是總論，六爻爻辭則是各階段、各立場的分論，文字都很精簡，六十四卦總共才四千多字，每卦平均不到一百字。

〈易傳〉是最早解釋《易經》的權威性文獻，和孔子關係密切，依上下經的編排，共分七種十篇，總字數約兩萬多，稱為「十翼」。「翼」是輔助之意，鳥有了翅膀，才能飛高行遠；經有了傳的解釋，得以發揚光大。易學研究的核心內容，就是這兩萬五千字不到的經和傳。

〈彖傳〉附於每卦卦辭之後，解釋卦辭的意義，分析卦體的結構，凸顯其中最主要的爻的地位，以及和其他爻間的關係，有時還超越了卦辭的範疇，將道理講得更圓融而精深。這其實也是《易經》的精神——後來居上，創意無窮，〈易傳〉受經啟發，本來就可以有新的想法。「彖」（音ㄊㄨㄢˋ）是《易經》特有的字，據說是一種古代的巨獸，牙很剛利，能咬斷又粗又硬的繩索，故取為剛斷之義。〈彖傳〉的行文風格也是如此，氣勢雄勁，斷言斬釘截鐵。

〈象傳〉分為〈大象傳〉、〈小象傳〉。〈小象傳〉附於每卦六爻爻辭之後，解釋爻辭的意涵，寥寥數字，一語中的。〈大象傳〉一般附於〈彖傳〉之後，專就上、下卦的互動關係，申論人事的應對之道。「象」是草食性的動物，體軀雖大，溫和穩重，和「彖」的剛斷不同。〈大象傳〉的風格寬和內斂，任何自然現象都引導為人事的修行，乾卦「天行健，君子以自強不息」，坤卦「地勢坤，君子以厚德載物」，即為顯例。

〈彖〉、〈象〉二傳皆依上、下經次序，分成上、下傳各二篇。

〈繫辭傳〉也分為上、下傳二篇，但與上、下經的編排無關，通常編附在經文後獨立成篇。上傳十二章、下傳十二章，共二十四章，總篇幅四千多字，和經文字數約略相當。

〈繫辭傳〉內容豐富，文辭優美，學術價值極高，在「十翼」中也是最接近論述體的文章。二十四小章中，從各個不同角度闡發《易經》的宗旨、特色、價值及應用，也有專章介紹占法，裡面還引述了許多孔子論《易》的見解，確實高明得很。

〈文言傳〉專論乾、坤二卦，以師生課堂問答的方式，不厭其詳地解釋卦辭及爻辭的意義，而且偏重在組織人事的運用上，通篇「子曰」到底，完全反映孔子經世致用的精神。乾、坤二卦最基本，其他六十二卦皆由其衍生而出，基本穩固了，全《易》即綱舉目張，得心應手矣！

〈說卦傳〉專論八卦的來歷、先後天方位、功能特性、彼此間的互動關係，以及其基本象徵、推廣運用等。

〈序卦傳〉將六十四卦的排序方式作了番說明，前因後果、來龍去脈，都有簡潔的交代。

「十翼」的壓軸是〈雜卦傳〉，將卦序又全部打亂，拆解重組，並對每卦加以極精簡的解釋，甚至少到只有一個字。〈雜卦傳〉的作者必然深通《易經》，透過卦序的重新安排，呈現出他心目中嶄新的人文世界觀，自成篇以來，一直深深吸引易學研究者的注意，其中奧秘還有許多未明，值得後繼者深入挖掘。全傳才兩百五十字，卻是「十翼」中的蓋頂之作，對易理的弘揚，價值絕不容輕估。

4 十二消息卦與氣運流行

《易經》內容有所謂理、氣、象、數的說法，理即義理，象為卦爻的象徵符號，數和占卜有關，至於氣則爭議較多，雖然有所謂「卦氣圖」，將一年中的氣候變換配上六十四卦，但完全接受的人並不太多。

人事的榮枯盛衰，與自然天候的節氣變換是否有關？這個問題似乎不能說全無，也不好說全有，天候固然影響人的身心狀況，但對已處於資訊時代的現代人來說，應該已相當有限。

不過，卦氣中有「十二消息卦」的說法，仍值得重視。《易經》中有十二個卦，依卦中六爻陽長陰消、陽消陰長的順序，分別代表陰曆的十二個月份，或二十四節氣的中氣那天。各卦中六爻的陽長陰消及陽消陰長現象，恰與季節的變化相對應。

舉例來說，復卦（䷗）五陰下一陽生，相當於冬至，也就是一年中白晝最短、黑夜最長的一天。其後陽氣漸長、陰氣漸消，白晝愈長、黑夜愈短。姤卦（䷫）五陽下一陰生，相當於夏至，其後晝愈短、夜愈長。節氣是以陽曆計算，若按陰曆，則復卦為十一月、姤卦為五月。

一陽復（䷗）之後，為二陽臨（䷒），臨卦為十二月，俗稱「臘月」，表示一年已到盡頭，面臨新舊交替的時節。臨卦之後為三陽開泰（䷊），泰卦為正月，新的一年開始。二月為四陽大壯卦（䷡），陽氣更盛；三月為五陽夬卦（䷪），陰寒之氣將盡；四月為六陽乾卦（䷀），而後接五月一陰生的姤卦（䷫）。姤卦之後為二陰生的遯卦（䷠），時當六月；三陰否卦為七月卦（䷋），四陰觀卦（䷓）為八月卦，五陰剝卦（䷖）為九月卦，此時陽氣將盡，草木黃落。六陰坤卦（䷁）為十月卦，然後又回到一陽生的復卦。

易學小教室

十二消息卦

消息卦是指同性爻由下而上，與異性爻不相交錯的卦，共有十二個卦，也稱作十二辟卦、十二月卦、十二候卦。消者，消退；息者，成長；萬物此消彼長，恒在變化之中。十二消息卦分為兩組，一組是陽爻由下而上，如復卦、臨卦、泰卦、大壯卦、夬卦、乾卦。分別代表的月份是農曆十一月、十二月、正月、二月、三月、四月。另一組為陰爻由下而上，如姤卦、遯卦、否卦、觀卦、剝卦、坤卦。分別代表農曆五月、六月、七月、八月、九月、十月。如下所示：

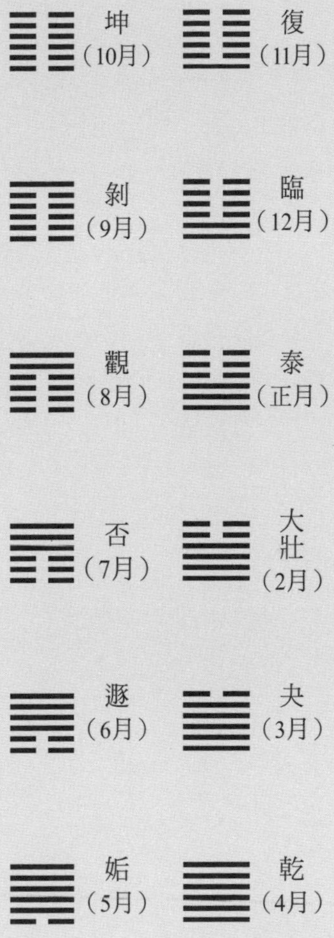

復卦相當於農曆十一月。復卦是五陰一陽，陽爻居初位，此時一陽來復，陽氣始升，將會打開新局面。臨卦相當於農曆十二月。

臨卦卦象已有二陽，說明天氣雖冷，但春天即將來臨。臨卦卦辭為何說「至于八月有凶」呢？因為臨卦為十二月，經過八個月，正好是八月的觀卦，成為臨卦的綜卦，並且顯然是陽消陰長，所以說「有凶」。

泰卦相當於農曆的一月（正月）。泰卦卦象為三陽在下，說明春天開始了，萬物就要復甦，新的生命就要破土而出了。

大壯卦相當於農曆的二月。大壯卦六爻已有四陽在下，說明陽氣已經戰勝陰氣，此時萬物都開始活動，草木生長發芽，動物開始繁衍。

夬卦相當於農曆的三月。夬卦六爻已呈現五陽之象，天地間只有一陰氣殘餘，陽氣最是充足時期。

乾卦相當於農曆的四月。此時卦象六爻純陽，天氣已沒有一絲寒意，人們可以穿單衣，正是草木茂盛季節。

姤卦相當於農曆的五月。姤卦卦象顯示底部出現一陰爻，天地之氣陽極陰生，說明由於溫度過高，出現潮濕天氣。

遯卦相當於農曆的六月。遯卦卦象底部已有兩個陰爻，陽動陰藏，天氣因陰氣的加重更加悶熱而潮濕，人和動物躲藏起來，以避暑氣。

否卦相當於農曆的七月。否卦卦象已有三個陰爻在下，正所謂泰極否來。此時陰氣已經變得很強盛，也就是說，天氣雖然很熱，但是還是容易著涼。多事之秋意即如此。

觀卦相當於農曆的八月。觀卦卦象已經是四個陰爻了，說明天氣漸冷，正是秋風蕭瑟，農作物的生命已到盡頭，已經成熟。

剝卦相當於農曆的九月。剝卦卦象已有五個陰爻，僅一陽爻在上，說明陰氣強盛，連一點餘陽都要排擠掉。此時萬物凋零，落葉紛飛，天地間生氣被剝奪。

坤卦相當於農曆的十月。坤卦卦象六爻純陰，陰氣最盛，此時萬物隱藏起來，動物開始冬眠，天地閉塞成冬，一年到了終點。

在許多易占的實例中，十二消息卦往往相當精確，尤其在疾病占測方面，除了藉卦象分析病情外，也同時揭示可能病癒或病故的期限。例如占到復卦，陰曆十一月裡有望康復，倘若占到剝卦，病情岌岌可危，甚至陰曆九月就會過世。

中國曆法為陰陽合曆，廿四節氣就是陽曆，所以消息卦所代表的陰曆分界點仍須參考節氣，如此一來則與西方星座的黃道十二宮完全吻合，請參考下頁附圖說明。

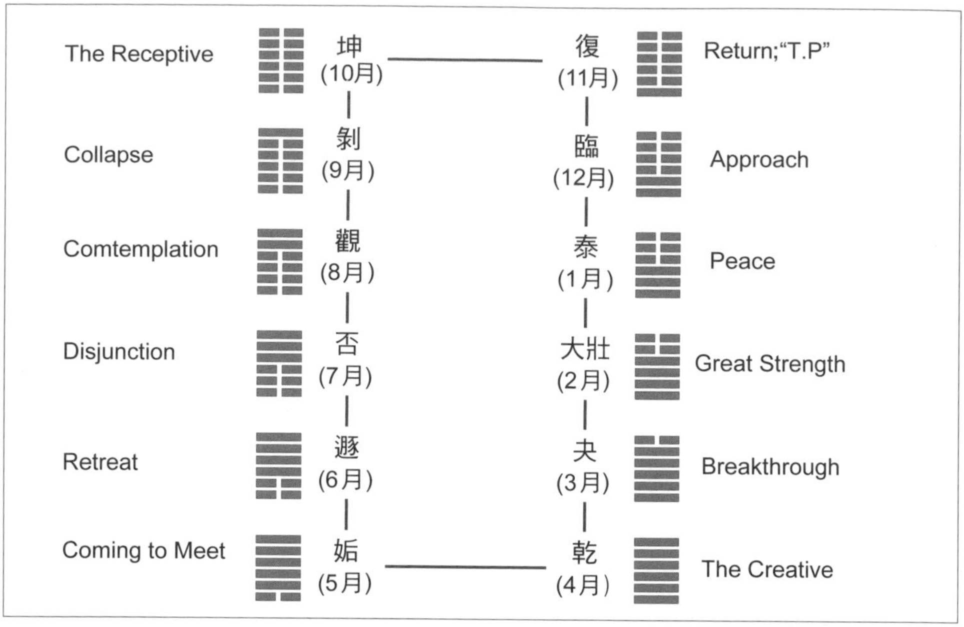
The Receptive
坤
(10月)
復
(11月)
Return;"T.P"
Collapse
剝
(9月)
臨
(12月)
Approach
Comtemplation
觀
(8月)
泰
(1月)
Peace
Disjunction
否
(7月)
大壯
(2月)
Great Strength
Retreat
遯
(6月)
夬
(3月)
Breakthrough
Coming to Meet
姤
(5月)
乾
(4月)
The Creative

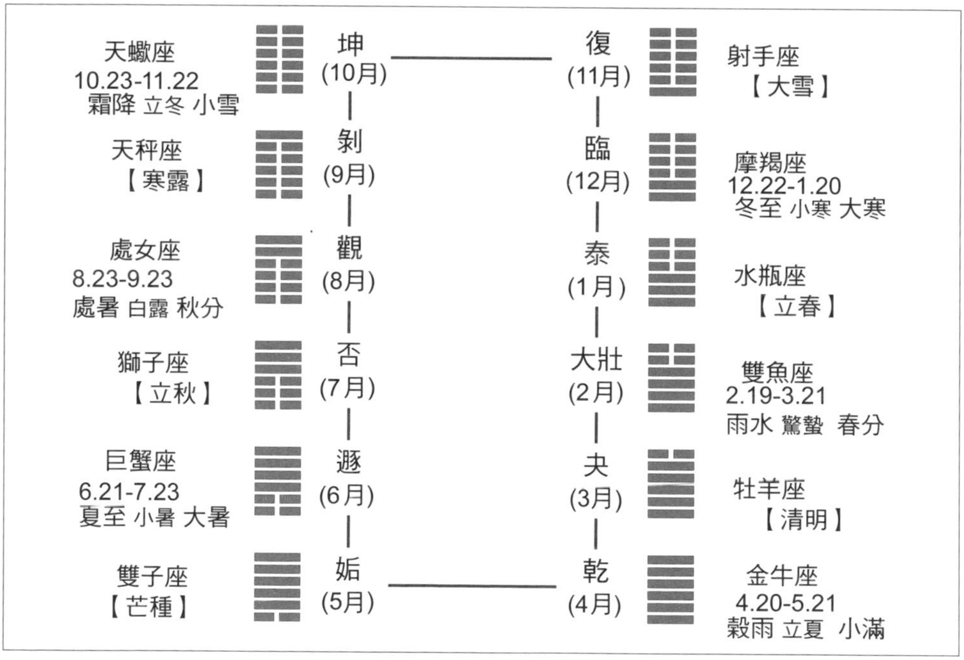
天蠍座
10.23-11.22
霜降 立冬 小雪
坤
(10月)
復
(11月)
射手座
【大雪】
天秤座
【寒露】
剝
(9月)
臨
(12月)
摩羯座
12.22-1.20
冬至 小寒 大寒
處女座
8.23-9.23
處暑 白露 秋分
觀
(8月)
泰
(1月)
水瓶座
【立春】
獅子座
【立秋】
否
(7月)
大壯
(2月)
雙魚座
2.19-3.21
雨水 驚蟄 春分
巨蟹座
6.21-7.23
夏至 小暑 大暑
遯
(6月)
夬
(3月)
牡羊座
【清明】
雙子座
【芒種】
姤
(5月)
乾
(4月)
金牛座
4.20-5.21
穀雨 立夏 小滿

5 爻際關係與卦的變動

《易經》有六十四卦、三百八十四爻，卦代表大環境，爻為其中的構成單元，卦又代表組織的層級結構，六爻分佔不同的位階。爻的動向和卦有關，有如個人必受所屬大環境影響，組織中的人際關係，足以決定個人的前途，所以辨別爻際關係的良窳，可以幫助我們瞭解爻辭的意涵。

首先，爻本身在卦中的地位最重要。若陽爻居於初、三、五的奇數陽位，或陰爻處於二、四、上的偶數陰位，稱為「當位」或「得位」，或簡稱「正」，表示量才適性、擺對了位子，工作表現稱職。反之，若陽爻居於陰位，或陰爻居於陽位，則不當位或不正，績效就等於打折扣。另外，二爻居下卦之中，五爻居上卦之中且為全卦君位，稱為「得中」，資源條件優厚，比得位的狀況還好。簡單來說，中大於正。按卦的形成原理，始壯究始壯究，二、五爻本來就是發展最壯盛的位置。

「中」跟「正」的觀念結合，就分出四種不同的等級：中正、中而不正、正而不中、不中不正。若陽爻居君位，陰爻居二位，稱為「中正」，爻位最佔優勢。

然後再檢討爻際關係：一卦中相鄰的兩爻，下對上為「承」、上對下為「乘」，象徵組織中直接督責的隸屬關係。陽爻若乘於陰爻之上，代表有實力者領導沒實力的，天經地義，關係穩定；反之，若陰乘陽、柔乘剛，官大學問小，不足以服眾，對待關係即有危機。

另外，初跟四、二跟五、三跟上爻的呼應關係也很重要，代表下卦和上卦間的互動，有如政府與民眾、中央和地方必須協調溝通。相應的兩爻若為一陰一陽，虛實互補、剛柔相濟，可以充分合作，稱為「相與」；若同為陰或同為陽，只能有限度配合，稱「應而不與」。

承、乘、應、與的爻際關係，加上爻本身是否中或正的地位條件，差不多已可決定爻辭的吉凶，但仍不盡然，長遠還得視卦與卦的關係而定。人生無法遺世而獨立，個人所屬的組織得和外面的其他組織互動，而這也會對其前途造成影響。

至於卦際關係就更複雜了！〈序卦傳〉所呈現的前因後果是其中一種，而卦序中又包含「相錯」及「相綜」的關係。例如乾卦六爻全變，成為坤卦，性質雖徹底相反，卻又有互補配合的可能，稱為「相錯」。師卦（䷆）六爻上下翻轉，成為比卦（䷇）。師卦勞師動眾，對立抗爭，比卦比附結盟，縱橫捭闔，軍事和外交為一體兩面，可交相為用，稱為「相綜」。

一卦六爻若局部變動，其中一到五個爻陽變陰或陰變陽，會變成其他卦，這種因個體變動而引發整體變動的現象，稱為「爻變」、「卦變」，總共有64×64=4096種，真是千變萬化，複雜到了極點。

一卦中四到五個爻重新排列組合，容許其中一到二爻重疊，可變出五個卦，藏在原卦中，發揮潛在的影響，稱為「卦中卦」或「互卦」。舉例來說，離卦（䷝）象徵光輝燦爛的人類文明，其中二到五爻重組，以二、三、四爻為下卦，得巽卦（☴），三、四、五爻為上卦，得兌卦（☱），三、四兩爻重疊，可組合成澤風大過卦（䷛）。「大過」為行動過度，負荷過重，可能崩潰毀滅。離卦中含有大過卦，表示人類文明發展可能過頭，讓生態系統難以負荷，而造成毀滅性的大浩劫，值得世人深深警惕。

《易經》就是通過如此錯綜複雜的爻際關係、卦與卦的變動情況，從內外各層面、各角度去全方位探究事情的真相，然後寫出綜合考量的爻辭，以爭取該爻所處時位的最大利益。用心之深，思維之密，真是令人歎為觀止。

易學小教室

爻位的「正」與「中」

解讀《易經》時，必須能從多角度詮釋卦和爻的含義，其中爻位之間的關係錯綜複雜，耐人尋味，可用以決定爻辭的吉凶。

得位、當位：六爻中奇數的初、三、五爻屬「陽」，稱「陽位」，偶數的二、四、上爻屬「陰」，稱「陰位」。依據《易經》的概念，如果陽位上為陽爻，或陰位上為陰爻，就稱該爻為「得位」或「當位」，或簡稱「正」。如果陽爻位於陰位，或陰爻位於陽位，則稱為「不當位」或「不正」。例如，既濟卦的六爻皆正，未濟卦的六爻皆不正。如下所示：

既濟卦六爻皆正

未濟卦六爻皆不正

得中：根據卦的形成原理，二爻和五爻是全卦中發展最壯盛的位置，五爻更有「君位」之稱。因此在二、五爻稱為「得中」。

爻位間的應與關係

解讀卦爻時，常須論及爻與爻之間的關係。一卦中相鄰的兩爻，下對上稱為「承」，上對下稱為「乘」。其中初爻和四爻、二爻和五爻、三爻和上爻會產生呼應的關係，稱為「相應」。

相與：一卦中相應的兩爻如果為一陰一陽，表示剛柔互濟，稱為「相與」。如果同陰或同陽，則稱「應而不與」。例如隨卦的二爻（陰）與五爻（陽）為「相與」；三爻（陰）與上爻（陰）為「應而不與」。如下所示：

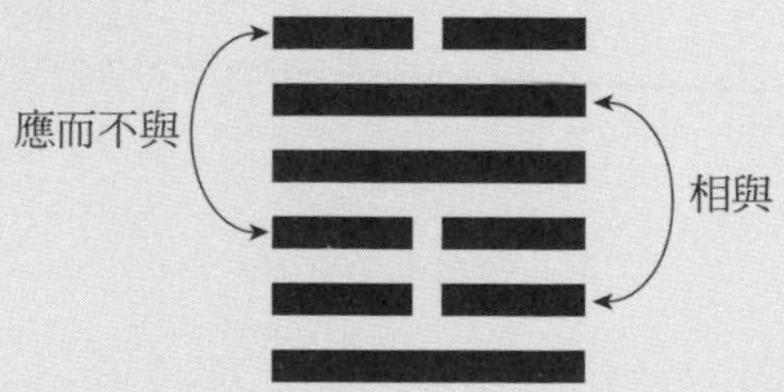

隨卦

解讀卦際關係

《易經》注重變易，因此卦和爻都不是靜態的，會隨時空環境的變換，發生錯綜複雜的變化。

爻變：一卦六爻中，如果有一至五個爻由陰變陽或由陽變陰，就稱為「爻變」。例如，泰卦的二爻和五爻「爻變」，就成了既濟卦。如下頁上圖所示。

相錯：當一卦中的六爻全變，形成另外一個卦，性質徹底相反，稱為「相錯」。例如，賁卦的六爻全變，陽爻變陰爻，陰爻變陽爻，形成困卦。這樣的兩個卦稱為彼此的「錯卦」。如下頁中圖所示。

相綜：一個卦如果上下翻轉，會形成另外一個卦，可解讀為事物的一體兩面，稱為「相綜」。例如，將益卦上下翻轉，形成損卦。這樣的兩個卦稱為彼此的「綜卦」。如下頁下圖所示。

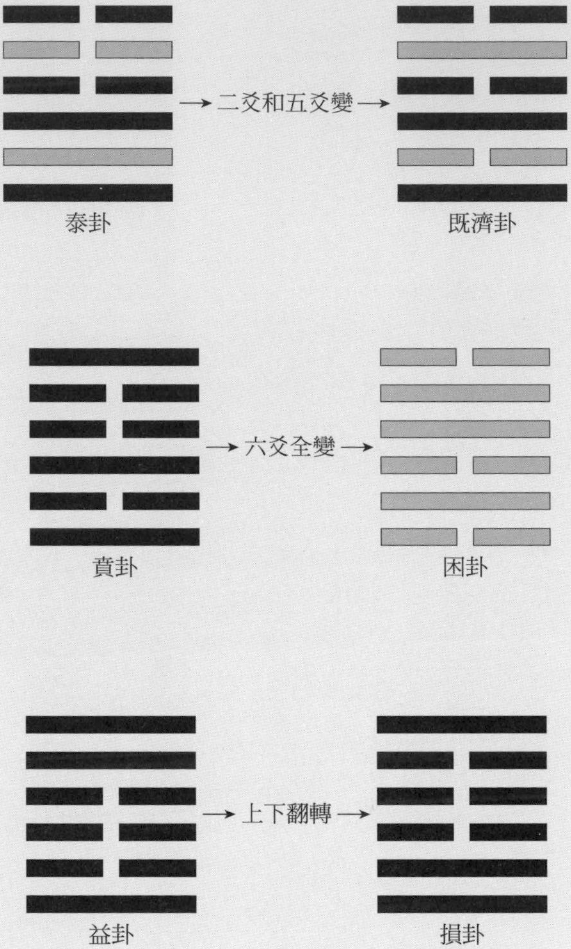

卦中卦（互卦）：以一卦中的四到五個爻重新排列組合，形成另外一個卦，稱為「卦中卦」或「互卦」。例如以屯卦中的二至五爻重組，就形成剝卦。依此原理，一卦之中可藏有五個卦中卦。如左頁圖所示：

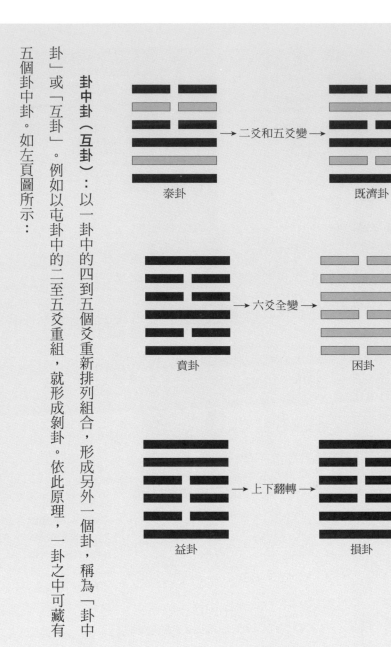

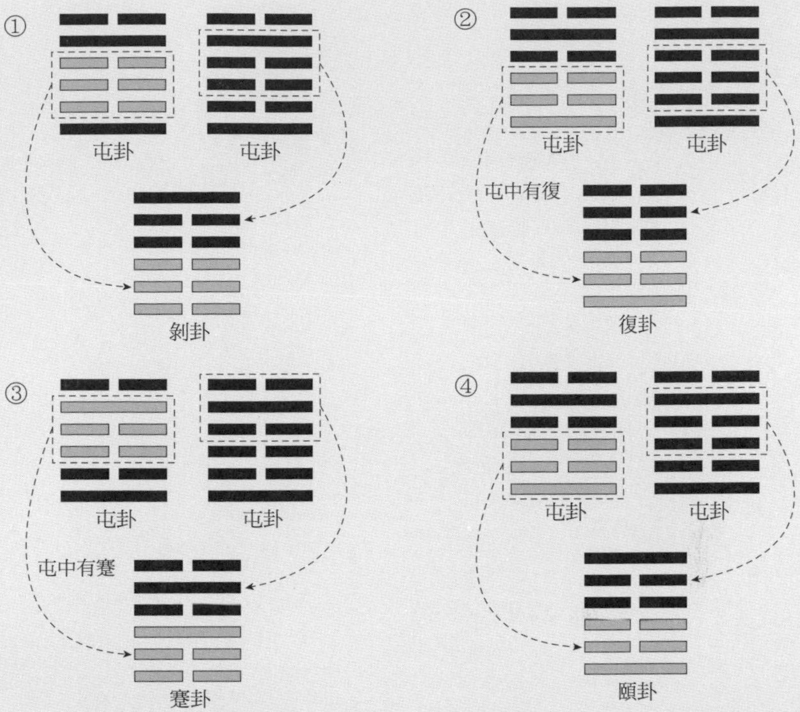

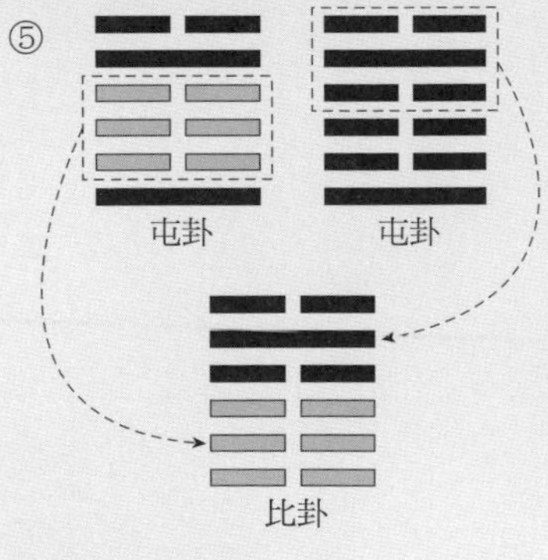

①屯卦→二、三、四爻為下卦，
三、四、五爻為上卦→剝卦
②屯卦→初、二、三爻為下卦，
二、三、四爻為上卦→復卦
③屯卦→三、四、五爻為下卦，
四、五、六爻為上卦→蹇卦
④屯卦→初、二、三爻為下卦，
三、四、五爻為上卦→頤卦
⑤屯卦→二、三、四爻為下卦，
四、五、上爻為上卦→比卦

屯卦卦中卦示意圖

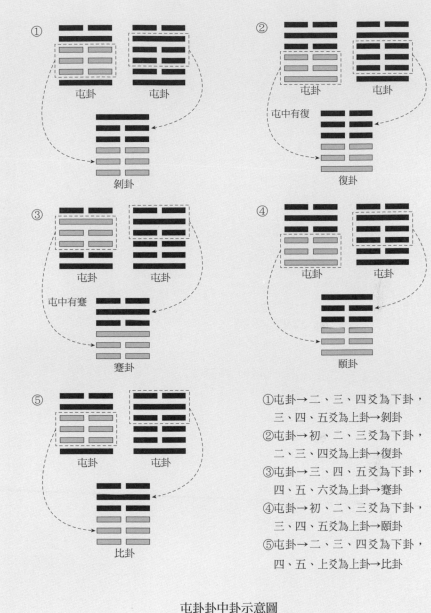

6 迷人的易占

易占是易學中一個充滿魅力的領域，很多人習《易》動機就在於此。占法自然有其神機妙算之處，但切不宜執迷沉溺，反而失去了做人的本分。

宋儒張載有言：「易為君子謀，不為小人謀。」前人也說：「有是德，方應是占。」君子與小人的差別，就在是否積德。君子自強不息，始終不放棄人事上的積極努力；小人行險僥倖，就想沾尖取巧，不勞而獲。

事實上，《易經》所有的預測只是教人看清形勢，並提供建言，至於做不做得到，還在於人的修為。卦、爻辭中充滿了但書，必須做到了才會有往後的結果，如果私心用事，不願或不敢面對現實，怎麼會有善終？「三分看天意，七分靠打拼」，事在人為，《易經》絕非宿命論。

不過，既然還有三分天意，就表示人生奮鬥仍得重視客觀的形勢，許多事態的發展自有其規律，不以個人主觀的意志為轉移。老子有言：「天道無親，常與善人。」（《老子》第七十九章）說得就很透徹，人只能在本分上盡力，成敗利鈍，不完全由我們決定。

易占的方法很多，最繁複而精深奧妙的為「大衍之術」——用五十根蓍草，經十八次分分合合的演算，可得出卦象，再看看有無爻變或卦變的可能，然後做出判斷。演算的程序在本書附錄有詳盡說明，很容易學會，但是判斷就太難了，不僅涉及《易經》的專業知識，也和解占者的學行修為有關，這方面可說是沒有止境的。以孔子學《易》之勤、蘊養之深，也說「百占而七十當」（占卜的準確率約百分之七十）的話，何況其他？而且《易經》的核心宗旨是義理，也不在易占，孔子曾說「不卜而已矣」，荀子則稱「善易者不占」。

然而，要引導初學者進入《易經》的堂奧，教占還是很好的方便法門。

通過易占的問答，學生很快將難懂的經文和熟悉的生活結合起來，進而激發深入研讀的興趣。星雲法師弘揚佛法，曾言：「欲令入佛道，先以欲鉤牽。」我多年授《易》，也有主張：「藉占習易，藉易修行。」

易學小教室

古人占筮方法之「金錢卦」

古人占筮用蓍草，通過三演十八變才求得一卦，其準確度雖然較其他任何方法高明，但其方法繁雜，也花時間。後人化繁為簡，改用銅錢搖擲的方法，代替了古人複雜的蓍草布卦法。這種以錢代蓍法，相傳是戰國時鬼谷子所創。不過，其準確度較之「大衍之術」又遜一等。

金錢卦必須先準備三枚相同的銅板（今天如沒有古錢幣，也可用其他類似錢幣），將三枚銅板置入容器之內，傳統以龜殼、竹筒為容器或直接將銅板合在手掌中也可以。

在丟擲銅板之前，先定陰陽兩儀。事實上，以哪一面為陰陽都沒關係，只要事先定出陰陽之後，不要再反覆改動即可。在搖晃銅板之前，口中誠心默想欲問之事，或將要問的事情說出來。問事之後，搖晃錢幣，順勢將銅板輕輕丟到桌案前。

此時三枚銅板會出現四種可能的情況。

第一種：三枚都是陽面，叫做老陽，記成○。

作者身後盛放的植物就是蓍草。蓍草為多年生草本、菊科，莖可達一公尺高。在河南淮陽的伏羲廟中，「蓍草春榮」的景象被列為淮陽八景之一。

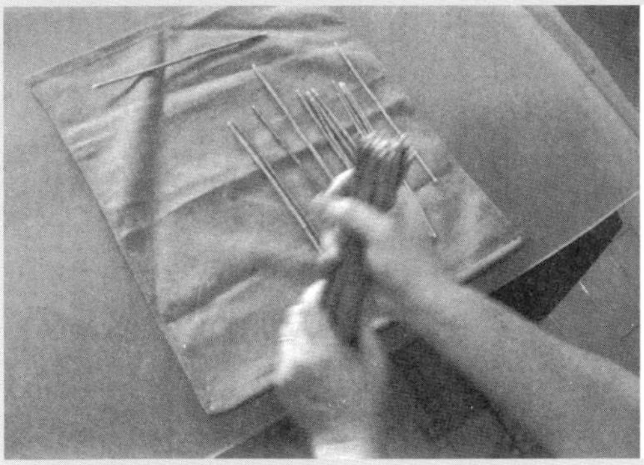

乾燥的蓍草莖，取等長的五十根，可作為占卜的用具。通過一定程序的分合演算，即可得出六爻卦象，據以判斷吉凶。然而蓍草不易取得，一般來說，只要是相同規格的五十枚，如圍棋子、竹籤，即可代替使用，不必拘泥。

第二種：三枚都是陰面，叫做老陰，記成×。

第三種：一陰二陽時，叫做少陽，記成—。

第四種：二陰一陽時，叫做少陰，記成- -。

看看自己的銅板是上述哪種情況，並記下結果。用同樣的方法再做五次，將結果由下而上，分別記下來，如此便可得到六爻。

畫卦時，從下往上畫，從初爻至六爻，第一次搖錢為初爻，最後一次搖錢為上爻。老陽為陽極變陰，老陰為陰極變陽。

《易經》的研習流派

（一）象數派

《易經》的研習流派眾多，總的來說可歸為兩派六宗。「兩派」是指象數派和義理派；「六宗」是指占卜、禨祥、圖書、老莊、儒理、史事。六宗中，占卜、禨祥、圖書三宗為象數派。象數本是分開的，在易學中被連起來用，「象」指形狀，也稱「易象」；「數」指數目和計算，也稱「易數」。傳統觀點認為，《易經》的「象」有三個方面的含義：其一，八卦、六十四卦及三百八十四爻的形狀，即卦象、爻象；其二，八卦所象徵的事物，如乾為天為父、坤為地為母等；其三，卦辭、爻辭所說的具體事物，如乾卦卦辭中的龍、坤卦卦辭中的牝馬。

「數」也有三種含義：其一，一卦各爻屬性的數，即「六、七、八、九」四個數，陽爻為奇數，陰爻為偶數，大數為老，小數為少，這四個數又分別稱為少陰「八」、少陽「七」、老陰「六」、老陽「九」；其二，爻位順序的數，依次為初、二、三、四、五、上，即爻的變化規律；其三，占筮求卦的方法，即對占卦過程中，根據蓍草數量的計算推導出所需的卦象。

可見，象數學派注重卦象、卦變的研究，以其所理解的道理推斷人事吉凶。象數學派代表人物有漢代的孟喜、京房、焦延壽，以及宋代的陳摶、邵雍等。

（二）義理派

六宗中，老莊、儒理、史事三宗為義理派，顧名思義，義即意義，理即道理。義和理無形無象，不能單獨存在，需要通過文字或圖形的描述方能顯示。象數和義理可看作是同一事物的兩面。譬如乾之所以為剛健之義，就是因為日月等天體的運行規律周而復始，從不間斷，且威力強大。義理學派注重《易經》的卦名、卦爻辭和卦象中所蘊含的意義和道理。

義理學派的代表人物為創始者王弼，繼承其學說的是宋代的胡瑗、程頤、楊萬里、李光。

7 多年師友生涯

韶光易逝，我習《易》至今，忽忽已四十年。當年在台大讀研究所時，純因對傳統文化的好奇和一份說不清的親切感，而誤打誤撞從師入門，怎麼也不曾想到，往後會離開理工本行，投身出版界，再轉為如今以《易經》為專業的教學研習生涯。人生種種際遇，究竟是操之在己者多，還是冥冥中亦有其定數？

我的恩師愛新覺羅・毓鋆為清朝皇室之後，於二〇一一年三月二十日仙逝，享壽一〇六歲。毓老師門生遍天下，智勇淵深、剛健峻烈的風格典範，令人欽仰無極。我有幸從其讀書，多少識得學問大意，而平生志業也受其啟發甚深。這種難得的機緣，只能珍惜感念。

年輕時讀書交友，不知天高地厚，難免相逢意氣，坐而論道。昔日夏學會諸友，切磋琢磨的情景猶在目前，數十年過去，頭角崢嶸者有之，隱遁鄉野者有之，而載浮載沉者也不少。台灣、中國大陸以及世界的情勢，較諸當年，也有了驚天動地的巨大變遷。總之，都已多歷滄桑。

十多年出版界的磨練，堪稱奇詭，驚濤駭浪，緣起緣滅，激情早已平復，而回首往昔，倒是沉潛習《易》的極佳道場。書生意氣，確須在世事上多所磨礪。

開始在社會上授《易》，純屬偶然，教學相長，結果還是自己獲益良多，至於政界和商界的一些因緣，不知我者津津樂道，知我者謂我何求？不過隨機適化而已。

術數易中有本命卦的說法，由人的生辰八字，可推一生性向所在，這和易占以一時一事起問，本有不合，為了好奇，我還是核算出結果：先天本命為比卦（䷇）第三爻，後天本命轉成蒙卦（䷃）上爻。比卦互助結盟、蒙卦啟迪教誨，正是講的良師益友之道。人生拜師交友，均須審慎抉擇，人算不明，還借助天算，故而比卦卦辭稱「原筮」，蒙卦卦辭言「初筮」。筮以決疑，原初重始，一開始就須想得很透很深。

恩師愛新覺羅・毓鋆與我們夫婦唯一的合照，時當2010年初，毓師仙逝前一年。

六十四卦中，只有比、蒙二卦卦辭言筮，先天轉後天，又恰當年近四十之時，而我開始教《易》正是此際，難道注定和《易經》有緣？

易學小教室

古代易學名家

（一）象數派代表人物

孟喜

孟喜，生於漢昭、宣帝之時，約公元前九十年前後，字長卿，東海蘭陵（今山東蒼山縣西南）人。其父孟卿善治《禮》、《春秋》，後世所傳《后氏禮》、《疏氏春秋》皆出孟卿。孟喜遵父之命習《易》，與施仇、梁丘賀同學於田王孫，為漢代第一位易學家田何的再傳弟子。他自稱得田王之真傳，「師田王孫，且死時枕喜膝，獨傳喜」（《漢書・儒林傳》）。其實，這是孟喜為了假借其老師聲望抬高自己在當時的地位而編造的故事。孟喜學有師法，這是事實。但他並不是田何的正宗傳人，而是一位叛離儒家師門、敢於接受異端邪說的易學家。他「得易家候陰陽災變書」，以陰陽災異解說《周易》。正因為如此，漢宣帝時，孟氏易學才列於學官，與施仇、梁丘賀並稱漢初三大家，從經學言之，他屬今文經派，曾參加過漢宣帝召集的經學討論會，「與五經諸儒雜論同異於石渠閣。」根據《漢書・藝文志》載，著作有：《孟氏京房》十一篇，《災異孟氏京氏》六十六篇，《章句施、孟、梁丘氏》各二篇，已亡佚。《隋書・經籍志》有「《孟氏易》八卷，殘缺」。清人馬國翰《玉函山房輯佚》有〈孟氏章句〉一卷，我們研究孟喜的易學思想，主要憑藉唐僧一行《卦議》所引的孟喜思想。

焦延壽

焦延壽，西漢梁人（今河南省商丘縣南），字贛。家貧賤，因好學而得到梁敬王的資助。學成之後，為郡吏察舉，補小黃令，任職期間，常先知奸邪，而使為盜者不敢輕舉妄動。後因「愛養吏民，化行縣中」，被舉薦，升遷外地為官。三老官屬上書挽留，得到批准，並使官職增高。最後死於小黃。於《周易》自稱學於孟喜，其學生京房也認為「延壽易即孟氏學」。而孟喜正傳弟子「瞿牧、白生不肯，皆曰非也」。其實，「焦延壽獨得隱士之說，托之孟氏，不相與同」。「其說長於災變，分六十四卦，更直用事，以風雨寒溫為候，各有占驗。」（以上所引，見《漢書・京房傳》）這些思想後來被其弟子漢代著名易學大師京房繼承和發揮。焦氏的易學著作有《易林》、《易林變占》。今存焦氏著作有《焦氏易林》。

京房

京房（公元前七七～前三七年），西漢學者，本姓李，字君明，東郡頓丘（今河南清豐西南）人，好音律，推律自定為京氏。元帝時立為博士，官至魏郡太守。屢次上疏，以卦氣、陰陽災異推論時政，後因劾奏中書令石顯專權，為石氏所忌恨，被捕下獄處死。死時年四十一。

京房之所以馳名於中國學術史，是由於他開創了今文易學「京氏學」。京房師從焦延壽，對《周易》象數多有發明，如納甲、八宮、世應、飛伏、五星四氣等。而且能夠運用象數理論進行占驗。據其弟子說：「房言災異，未嘗不中。」（《漢書・京房傳》）死後，其學傳與段嘉、姚平、乘弘，形成了西漢易學中的「京氏之學」。京氏一生撰寫了不少的易學著作，大多佚失，今只存《京氏易傳》三卷。

邵雍

邵雍（一〇一一～一〇七七），字堯夫，又稱安樂先生、百源先生，諡「康節」，後世稱邵康節，北宋五子之一，北宋理學家。著有《皇極經世》、《伊川擊壤集》、《觀物內外篇》、《漁樵問對》等。雖然不似三國諸葛孔明那樣家喻戶曉，但是無論從才幹和品德來講，邵雍都不亞於諸葛亮。宋朝理學鼻祖之一的程顥曾在與邵雍切磋之後讚歎道：「堯夫，內聖外王之學也！」少年時，邵雍就胸懷大志，發憤刻苦讀書，於書無所不讀。當時有高人李挺之，傳授他《河圖》、《洛書》、《伏羲八卦》等易學秘奧。以邵雍的聰穎才智，他融會貫通、妙悟自得，終於成為一代易學大師，風靡遐邇的鴻儒。他形成了自己一套完整獨特的宇宙觀，對於天地運化、陰陽消長的規律瞭若指掌。他著書立說，撰寫了《皇極經世》、《觀物內外篇》等著作共十餘萬言。他認為歷史是按照定數演化的。他以他的先天易數，用元、會、運、世等概念來推算天地的演化和歷史的循環。對後世易學影響很大的《鐵板神數》和《梅花心易》都是出於邵雍。後人也尊稱他為「邵子」。中年後，他淡泊名利，隱居洛陽，著書教學，在那時寫下傳世之作——《梅花詩》，預言了他身後在中國發生的重大歷史演變。當然，和所有預言一樣，他採用了很隱晦的語言，並非很容易理解。

陳摶

陳摶（八七一～九八九年），為唐五代宋初著名道教學者，字圖南，自號「扶搖子」，賜號「希夷先生」，享年一一八歲。陳摶好讀《易經》，他繼承漢代以來的易學象數傳統，並把黃老清靜無為思想、道教修煉方術和儒家修養、佛教禪觀會歸一流。他一生修道，編寫了導養、還丹為主要內容的《指玄篇》八十一章，並致力於導養之道。以「順以生人」，「逆以還丹」的理論體系來探究生命的起源，尋找延年益壽之方，因此被後世道教徒尊奉為「陳摶老祖」，成為中國太極文化的創始人。創作「無極圖」、「先天方圓圖」、「八卦生變圖」等一系列《易》圖，並發表《太極陰陽說》後，才出現了有宋代大儒周敦頤的《太極圖說》、張載的《太和論》、邵雍的《皇極經世》，程顥、程頤、朱熹等的〈易傳〉，從而才有中華獨有的太極文化形態和一系列理論的形成，尤其是宋代理學家的形成，推動了宋代歷史的進步。著《易龍圖序》、傳河洛數理，成為中國「龍圖」的第一人。倡先天易學，是宋代新「易」學始祖，把「道、儒、佛」三家之學融會貫通，形成中國古代完整的哲學體系。

（二）義理派代表人物

王弼

王弼（二二六～二四九），字輔嗣，山陽高平（今山東鄒城、金鄉一帶）人，魏晉玄學理論的奠基人。王弼人生短暫，年僅二十四歲，但其學術成就卓著。著有《周易注》、《周易略例》、《老子注》、《老子指略》、《論語釋疑》等數種。他注《周易》一改漢人支離繁瑣的傳統方法，不用象數，而以老子思想解《易》，並闡發自己的哲學觀點，在學術上開一代新風——「正始玄風」。王弼的易學觀體系龐大，內容深奧。綜合儒道，借用、吸收了老莊的思想，建立了體系完備、抽象思辨的玄學哲學。其對易學玄學化的批判性研究，盡掃先秦、兩漢易學研究之迂腐學風。王弼注《易》，是從思辨的哲學高度來注釋《易經》的。他對「經」上下篇都作了注，計六卷；對〈文言〉、〈彖傳〉、〈象傳〉加注，只突出「傳」之義理以闡發「經」義。至於〈繫辭〉、〈說卦〉、〈序卦〉、〈雜卦〉，均不下注，後來由東晉韓康伯注完。王弼《易》注的貢獻，首先在於把象數之學變成為思辨哲學，這是易學研究史上的一次飛躍。其次，王弼站在玄學家的立場上，把易學玄學化，就是用道家的本體論——「以無為本」來釋《易》。總之，王弼以言簡意賅的論證代替前人的繁瑣注釋，以抽象思維和義理分析擯棄象數之學與讖緯迷信，為經學開創了一代新風。

胡瑗

胡瑗（九九三～一〇五九），字翼之，北宋理學先驅、思想家和教育家。因世居陝西路安定堡，世稱「安定先生」。以太常博士致仕，歸老於家。胡瑗與孫復、石介並稱「宋初三先生」，是宋代理學醞釀時期的重要人物。胡瑗精通儒家經術，宣導天人合一的哲學思想，提倡易學為講天人之道、講萬物變易法則的學問。胡瑗的《周易口義》是他的學生倪天隱根據先生口述整理而成。其特點是「大膽疑經，自立新解」。據統計，胡瑗僅在《周易口義》一書中，疑經的地方就有十多處；在《洪範口義》中，也糾正了許多不合理的注解。據《宋元學案》記載，胡瑗「日升堂講《易》，音韻高朗，旨意明白，眾皆大服」。在當時的學術派別中，胡瑗是宋初易學的權威，是一位開源發蒙、鼓動風氣的人物，也是宋代義理易學的創立者。清人全祖望在《宋元學案》中說：「宋世學術之盛，安定、泰山為之先河。」

程頤

程頤（一〇三三～一一〇七），理學家和教育家。字正叔，人稱伊川先生，北宋洛陽人。為程顥之胞弟。與其胞兄程顥共創「洛學」，為理學奠定了基礎。與其兄程顥不但學術思想相同，而且教育思想基本一致，合稱「二程」。二程將易學的發展提高到一個新的水準，《伊川易傳》為義理易學詮釋體系奠定了堅實的基礎，《程氏易傳》是伊川易學的精華，它繼承了王弼義理派易學傳統，將儒家解《易》推闡發揮到極致，可以說是集義理派著作之大成，並對朱熹易學產生了重要的影響。如果說王弼易學是魏晉玄學、易學興起的重要標誌，那麼，程氏易學則實現了由王弼易學道家化、玄學化的義理向儒家義理的轉變。

楊萬里

楊萬里（一一二七～一二〇六年），字廷秀，號誠齋，南宋詩人，易學家。吉州吉水（今江西省吉水縣）人。精於《易》學，有《誠齋易傳》二十卷，以史證《易》，為經學家非議。其《易》說屬於義理學派。傳承程頤易學，與以邵雍為代表的象數學派、圖書學派相對立，同時也受張載的影響。楊萬里的易學思想在宋代佔有重要地位，他認為《周易》一書是聖人通變之書，主張學習《周易》目的，是在人事得失、社會治亂中掌握其法則，轉災為福，轉危為安，轉亂為治。同時，善用以史證易的方法。《誠齋易傳》對各卦和各爻義的解釋，幾乎皆引歷史事件和歷史人物的言行加以論證。除引史證經外，還注重從文字和義理兩方面串講，力求文理貫通，不拘於文字訓詁和注疏形式，體現了濃厚的理學家的色彩。易學哲學上反對周敦頤以「無極」、「太極」為虛無的觀點，認為混沌元氣是宇宙萬物的根源。

但因其在易學上主張有理而後有象，故終不能從程頤的理本氣末說中解脫出來。從整體看，楊萬里的易學思想重視實用，重視總結歷代王朝興亡成敗的規律以利當世，有獨特的個性。

李光

李光（一〇七八～一一五九），南宋易學家。字泰發，號轉物居士，又自號讀易老人。越州上虞（今浙江上虞西北）人。靖康年間，曾劾蔡京、王黼、朱勔、李彥，反對割三鎮與金。紹興元年（一一三一），累遷吏部侍郎，建議駐蹕建康（今江蘇南京），以守江淮。督臨安行在營繕事，不騷擾百姓。紹興八年，參知政事。秦檜欲用其名壓制反對和議者，謀削兵權，他面斥檜「懷奸誤國」。和議成，安置滕州，移瓊州，論文考史，怡然自適。檜死，復官。著有《讀易詳說》十卷，此書多援引史事，解說《易》旨，與楊萬里《誠齋易傳》並為「以史證《易》」之代表作。主張解《易》不應拘泥於象數，而應明人事，其解《易》往往依經立義，因事抒忠。引史入《易》，以史證《易》，因反對秦檜和議，假借易學道出其政治觀點。所論大都切實近理，然不免牽合附會。

《易經》卦義解析

8 否極泰來——否卦與泰卦

《易經》為群經之首、中國文化之源，幾千年來影響國人思想甚巨，其中最為人熟悉的，就是「否極泰來」的觀念。「否」有「不口之象」，說了沒用，乾脆拒絕溝通，環境閉塞到了極點。「泰」則氣運舒暢，國泰民安，所有資源和創意均可充分交流及發揮。否極泰來，給逆境中人很大的勇氣和信心，以為苦日子終會熬過，幸福必將到來。真是這樣嗎？

《易經》中的確有否、泰兩卦，但在卦序安排上卻是泰在否前，換句話說，泰極否來才是人生的真相，持盈保泰何其不易！

泰卦（䷊）在《易經》中排序第十一，否卦（䷋）第十二，泰卦之前還有十個卦，從乾、坤開天闢地起，得歷盡艱險、排除萬難，才營造出泰的局面。而由泰到否，就不必這麼麻煩，直接從雲端一路狂瀉跌入谷底。看來《易經》昭示我們：人生好景不長，破壞容易建設難啊！

否卦上乾下坤，有外強中乾、色厲內荏之象。除了民生艱苦、經濟不景氣之外，也有朝野不和、各行其是之意；若以台海兩岸關係來看，泰卦是「三通」，否卦則是深閉固拒。

易占雖然精妙，卻非宿命論，所謂三分天意、七分人事，趨吉避凶還是事在人為。否卦的關鍵在居君位的第五爻，若領導人有智慧、夠成熟，可扭轉否局而爻變成晉卦（䷢），晉為日出之象，朝氣蓬勃，如日東升。

否極不是泰來，那是什麼呢？接著否卦之後，是同人（䷌）、大有（䷍）二卦。同人卦主張人同此心、心同此理，希望和平化解族群矛盾；大有卦強調大家都有、人人皆有，進一步建立均富好禮的社會。《禮記‧禮運大同篇》所揭示的理想，正是這兩卦的宗旨。現代國際社會所宣導的全球化運動，期待地球村的居民共存共榮、永續發展，道理亦與此相通。

9 剝極而復——剝卦與復卦

受《易經》的影響，除了否極泰來外，中國人也常說「剝極而復」或「剝盡來復」。否極泰來違反《易經》卦序，有安慰人的嫌疑；剝極而復，倒的確合乎易理。剝卦為《易經》中第二十三卦，復卦為第二十四卦，明白昭示我們遭遇重挫之後的重生再造之理。

剝卦（䷖）卦象一陽在上、五陰在下，有資源大量流失、岌岌可危之勢。「剝」字從彔從刀，表示人們長期忙碌所累積的俸祿被千刀萬剮、毀滅殆盡。復卦（䷗）五陰下一陽生，又有生機萌現、站穩腳跟再出發之象。所謂一元復始，萬象更新，並非恢復原狀，而是往前創新。每年冬盡春來，景色相似，卻絕不會跟往年完全一樣；病人開刀後復健，已是新的身體狀況；如南投「九二一」大地震，崩毀的集集車站災後重建，也已非昔日舊觀。

剝卦最上面的陽爻，其爻辭形容為「碩果不食」。肥大的果實高掛枝頭，遲早會被吞食，就算倖免，也難脫自然腐爛的宿命。復卦最底層的陽爻，爻象以果實中的核仁為喻，重新入土，假以時日又將伸枝發葉、開花結果矣！

一九四九年國共戰爭，國民政府丟掉大陸，敗走臺灣，把臺灣視為復興基地，也是存著剝極而復的想法。雖然收拾舊山河絕不可能，卻創造了海嶼偏安的新局。在當時那種動盪危殆的情勢下，如何從碩果中取仁以延續生機？哪些該棄、哪些該留呢？從國庫中清運黃金，將故宮文物遷台，以及調遣海空軍軍力，大概就是其中首要的選項吧！

公元二〇〇〇年，兩岸的經濟形勢呈明顯的對比。島內經濟由盛轉衰，出現罕見的危機，接連兩年都有資源大量流失的剝卦之象。而內地的經濟卻紅紅火火高速增長，造成強大的磁吸效應。形勢發展至今，台商西進內地以尋求剝極而復的第二春，殆不可免。依《易經》卦理，什麼是碩果中的仁呢？結實累累的臺灣經濟，什麼才是可重生再造的核心競爭力呢？

植物的種子有不可思議的生命力，長期沉埋在地底仍能存活。據報導，一千多年前唐朝的蓮子經栽培復育後又開花，埋在中東沙漠裡兩千年的棗椰種子復生，西伯利亞永凍層下三萬二千年的柳葉蠅子草開出小白花。這些都是大自然中剝極而復、重生再造的驚人驗證。人生在世，應體悟斯意，培養自我核心的創造力，百折不撓去奮鬥。

島內的資訊產業發達，其實主要仍屬代工生產的體質，核心的原創科技與品牌都為美歐大廠所主控，業務量雖大，利潤卻極微薄，長此以往並非善策，這些年虧損頻傳，已見警訊。按剝極而復的原理，碩果不食中內藏的核仁代表生生不息的核心競爭力，外殼的果皮果肉都由此而生，在每一輪的生命週期中必遭腐朽淘汰。技術升級、自創品牌，幾乎是資訊業難以迴避的永續生存之路啊！

10

八月之凶——臨卦與觀卦

《易經》裡有「至于八月有凶」的斷語，出現在排序第十九的臨卦（䷒）卦辭中。臨卦後為觀卦（䷓），兩卦卦形相互倒置，這種關係在《易經》中稱作「相綜」，實即一體兩面，相與俱生。觀卦恰為一年十二個月份卦之一，時當陰曆八月。臨卦說「至于八月有凶」，是說形勢反轉，變成了觀卦。

「臨」即臨民、臨事，居高臨下管理眾人之事，所謂君臨天下，政治意味濃厚；「觀」則代表冷眼旁觀，對任事者提供建言、批評以制衡。臨卦重視現實人生的歷練，觀卦強調自然法則的理想。最大的自然法則涉及宗教，觀卦卦辭中所描寫的正是宗廟祭祀的場景。

政治應該代天行道，為人民謀福利，如果逆天行事，必遭天譴。天不會說話，往往藉著一些重大災禍以示警，若仍不生效，還會有更慘烈的後果，這就是八月之凶的含義。閩南語所謂「人在做，天在看」，真正老天有眼，明察秋毫！

南投「九二一」大地震、紐約「九一一」遭恐怖攻擊，這些慘絕人寰的大災難，都發生在陰曆八月，是巧合？還是當局要深自檢討？天人之際的業力流轉，究竟是怎麼回事？「九二一」之後半年，執政多年的國民黨鞠躬下台；「九一一」後美國發動阿富汗和伊拉克戰爭，雖然戰勝，後遺症嚴重。

其實，以生態污染的觀點來看，人類的集體作為失當，確實會破壞正常的自然生態，而導致重大災難。政治為管理眾人之事，一旦禍國殃民，自然天災人禍並至。

臨卦卦形二陽在下、四陰在上，陽氣往上挺進暢通無阻，有自由自在、海闊天空之象，其〈大象傳〉稱：「君子以教思無窮，容保民無疆。」思想自由，創意無窮，「無疆」為沒有疆界限制、全球風行，這是開放社會的表徵。今日全球化的經貿活動與金融往來，即為無窮無疆。

開放自由固然為人心所向，能引發巨大的創造能量，但過度自由或濫用自由也會釀災。法國大革命時即有甚深省悟：「自由！自由！多少罪孽假汝之名以行。」臨卦卦辭由「元亨利貞」形勢一片大好逆轉「至于八月有凶」，也有此意。曾經肆虐全球的金融風暴，即是衍生性商品過度氾濫失控所致。巧的是二〇〇八年九月十五日正式爆發之期，恰為陰曆八月中，成了名副其實的「八月有凶」。

11

舊怨新歡——姤卦與夬卦

為了方便後學記誦，前賢將六十四卦分成八宮，依序爻變（陽變陰、陰變陽）以串整之，是為分宮卦象次序。第一為乾宮，歌訣為「乾為天、天風姤……」，因此很多人習《易》，第一印象就是姤卦。

姤卦（䷫）卦形為乾卦初爻變，五陽下一陰生，象徵基層已有微妙的變化。若不警醒防範，往上竄燒的星星之火足以燎原，二爻再變成天山遯（䷠），三爻變成天地否（䷋）……局面愈來愈難收拾。

「姤」即邂逅，不期而遇之意。我們一生中會遇到些什麼人、什麼事，很難預料，茫茫人海，往往隨機碰撞。一旦碰撞產生火花，甚至能改變我們既定的目標和方向。姤卦運用在男女關係上，就是外遇、婚外情。「姤」又通「媾」，有交媾苟合之意，充滿了情色意味。

依《易經》上、下經卦序，姤卦之前為夬卦（䷪），有決絕之義，卦形五陽在下、一陰在上，迴旋空間有限，有如被逼到牆角，不得不攤牌。夬卦上澤下乾，又有澤中蓄水過多，超過安全水位，必須宣洩之象。人際相處難免不和，積怨甚久，終致爆發，澤水奔騰而出，徹底改變了下游的生態。

由於夬、姤二卦易顛覆既有的體制，站在保守派立場，當然竭力防堵。姤卦卦辭稱：「女壯，勿用取女。」明確反對發展不正常的戀情，其理由亦可見於蒙卦第三爻：「勿用取女。見金夫，不有躬。無攸利。」為什麼不要惹這種女人？因為她見異思遷，碰到有錢或有才華的男人，就會迷失自我，所以持續下去沒有任何好處。

然而，姤卦的〈彖傳〉在解釋卦辭時卻有不同的看法，一方面肯定姤卦的顛覆性，另一方面又強調其創造性。所謂舊的不去，新的不來，既有體制若好，自然應該維護，不然還不如毀掉重建。人生際遇，稍縱即逝，所貴仍在當下的準確判斷。姤卦之後為萃卦（䷬），人文薈萃、出類拔萃；萃卦之後為升卦（䷭），整個生活境界往上提升。這樣看來，不期而遇的邂逅也未必不好，不見得非變成悲劇不可。

再者，夬卦雖是決絕，也非魯莽從事。只要雙方開誠佈公面對問題，化解嫌隙仍有可能；就算積重難返，還是好聚好散，不傷和氣。〈彖傳〉稱：「健而悅，決而和。」真是說出了人際關係處理的要點。

12

莽撞青春——遯卦與大壯卦

乾卦初爻變而成為姤，代表危機初現，二爻再變為遯卦（䷠）。遯同「遁」，為逃避退隱，已無力應付危局。一位之差，形勢全非，可見姤卦時危機處理的重要，錯過第一時間，就得準備跑路了！

跑路也得有跑路的智慧，「遁」字提醒我們，準備盾牌擋掉追兵亂放的箭；「遁」之本字「遯」字更絕，可解為：吃得胖胖的小豬，一身肥油，誰也抓不住，大搖大擺，全身而退。

依《易經》卦序，遯卦之前為恒卦（䷟），恒為長久之意，在位者坐的時間太久，也該下台了。遯卦之後為大壯卦（䷡），讓給少壯派接班。遯和大壯一體相綜，正是世代交替之象。年輕人氣勢雖壯，經驗卻不足，初掌大權容易躁動闖禍，因此，老一輩遯退之時須重視經驗傳承，不能說退就退。

大壯卦卦辭稱：「利貞。」貞是固守，與出擊的「征」字正相反，顯然利守不利攻。〈大象傳〉：「非禮弗履。」違反體制、不合道理的事別做。〈雜卦傳〉稱：「大壯則止，遯則退也。」

少壯派懂得節制，凡事適可而止，老一代才可放心退隱。

然而年輕人血氣方剛，多半難以遵守老前輩的告誡，大壯卦的六個爻中，除二爻沉穩持重外，其他五爻都出了亂子。三至上爻以發情的公羊為喻，往前衝撞，結果羊角卡在籬笆縫裡，進退不得，甚至有喪命的危險。

遯卦上四陽，下二陰，基層已經徹底鬆動，再無立足之地，此時不退不行。大壯卦下四陽，上二陰，立足穩，人氣旺，可惜天時未至，尚非進取之時。《易》卦六爻，初、二爻為地位，三、四爻居人位，五、上爻為天位，凡事總得考慮天時、地利、人和，不可任性強為。

大壯卦也是一年十二個月份卦之一，時當三陽開泰的泰卦（☷☰）之後，陰曆二月時節，乍暖還寒，氣候極不穩定，稍一不慎就會生病，許多久病纏身者都是在這時節過世。說來奇妙，一些經營不善的公司往往也在這時倒閉，年前延票、躲債，發年終獎金，年後復工，出多入少，自然周轉不靈，不得不退出舞台。

《論語》上記孔子說：「君子有三戒：少之時，血氣未定，戒之在色；及其壯也，血氣方剛，戒之在鬥；及其老也，血氣既衰，戒之在得。」遯卦時值老成退休，不宜貪得戀棧；大壯卦陽剛少壯，青春無敵，戒之在色在鬥，最好竭力克制，免生禍端。

13

天地玄黃——乾卦與坤卦

《易經》以乾、坤兩卦居首，乾為天，坤為地，開天闢地以後，才有萬物滋生。乾坤又稱為「父母卦」，其他六十二卦都由乾坤交合而生。乾為君，坤為民，陰陽剛柔間的互動，又象徵任何組織中的主從架構。

乾卦（䷀）六爻皆陽，精實飽滿，以飛天遁地的龍為象，行雲佈雨，滋潤眾生。坤卦（䷁）六爻皆陰，虛默含容，卦辭以雌馬行地為象，不爭先、不落後，永遠配合無間。乾代表創意，揮灑不羈，坤則為執行，敦篤落實。乾坤兩卦所顯示的龍馬精神，確為人生行事所必須。

乾卦取法天象，教人自強不息，坤卦體察地勢，勉人厚德載物。「自強不息，厚德載物」正是北京清華大學的校訓，嚴以律己，寬以待人，才能培養出稱職的領導人。大陸政壇人物頗多清華出身，也算淵源有自。

乾卦講天則，星辰運轉、四時更迭，必有客觀真理存乎其間；坤卦講地勢，平野遼闊、山河險阻，現實的形勢必須納入考量。乾坤合德，其實就代表了理與勢的配合，依理順勢以行事，當然無往不利。佔理失勢，徒呼負負，困頓難成；仗勢失理，雖可横行一時，必難長久。

乾坤合，生萬物；乾坤不合，即生機堵塞，兩敗俱傷。地天泰、天地否兩卦，即為顯例。坤卦上爻爻辭更充滿了警訊：「龍戰于野，其血玄黃。」龍是乾陽的象徵，野是坤地的景象，陰陽大戰，互有死傷，故稱「其血玄黃」。

黃是土地的顏色，黃土高原、黃淮平原，皆與孕育華夏文明的黃河流域有關，黃河為「母親河」，也符合坤卦大地之母的象徵。依陰陽五行的說法，中央戊己土，故「黃」又有居中之義；七彩日光，紅、橙、黃、綠、藍、靛、紫，黃色也為中色，不酷寒，不過暖。中華民族的共同祖先稱「黃帝」，都有崇尚中道之義。

玄是黑色，人們遠眺夜空，一大片沉沉黑暗中透著點星光，遙遠而神秘，故玄又有高深莫測的含意。老子論「道」，即稱「玄之又玄，眾妙之門」。（《老子》第一章）《千字文》作為舊時啟蒙教材，一起首即云：「天地玄黃，宇宙洪荒。」現代人通過太空望遠鏡，尚可看到一百三十億年前開天闢地時的情景，那些瑰麗絕美的畫面動人神思，茫茫宇宙，渺渺人生，真不知有多少奧秘值得追尋？

14

情是何物——恒卦與咸卦

《易經》六十四卦排序，分上、下經，上經以乾、坤居首，至坎、離為止，闡述人類突破重重天險，終於締造光輝燦爛的精神文明；下經以咸、恒為首，從男女的戀愛婚姻談起，至既濟、未濟為止，檢討人生奮鬥的終極成敗。上經言天道，闡述自然演化的奧秘；下經重人事，探索人情人性的幽微，離合悲歡，愛恨情仇。

咸卦（䷞）上兌下艮，兌為澤、為少女，艮為山、為少男。少男少女間的戀情，宛如山上之澤，清新無染，一汪碧水映照天光雲影任徘徊。「咸」字加心為「感」，又有皆、全之意，表示青春之感人皆有之，全心全意，自然而然。少男在下，少女在上，又有曲意逢迎、猛烈追求之意。

恒卦（䷟）上震下巽，震為雷、為長男，巽為風、為長女。長男長女一起生活，如雷風相激盪，難免摩擦而起衝突。咸無心，恒有心，隨著年歲增長，妄念習氣漸生，不再天真自然。「恒」字右邊為亘古之亘，妄想天長地久、白首偕老，談何容易？長男在上，長女在下，婚後形勢逆轉，也是夫妻間易起齟齬的原因。

舊版《易經》上的「恒」字很特殊，「亘」下少了一橫，成了「恒」，亘古心成了一日心，這和避皇帝諱無關（漢文帝名劉恒，古經有避諱改字的體例），而是另有深意：若求此心亘古不變，懸義過高，其實只要一天二十四小時能做到就不錯了。《易經》論陰陽，一晝夜已涵蓋陰陽交替之義，今日如此，明日如此，持之以恒，便能日日如此。《大學》中勉勵人：「苟日新，日日新，又日新。」禪宗說：「日日是好日。」當下即是，剎那證永恒，就是這個意思。

無論如何，人情還是充滿了弱點。由咸入恒，真經得起婚後平淡生活的長期考驗而絕無抱怨的，恐怕很少。咸、恒之後為遯卦（䷠），遯為逃離閃避，好不容易築起的愛巢，又想從其中退出了。遯卦內卦為艮，艮為山所止，內部溝通有障礙，外卦為乾，為健行，所以天天往外頭跑。其實，咸卦內卦也是艮，只是當時熱戀情深，彼此都忽略了，後來經過恒卦日久天長地消磨，才浮現出來。

《易經》有卦中卦的理論，將中間四爻重新排列組合，即取二、三、四爻為下卦，三、四、五爻為上卦，又會構成一個新卦，藏在原卦中，發揮內在的影響力。以此觀點看咸、恒二卦，其中分別藏有姤（䷫）、夬（䷪）之卦象。姤為不期而遇，夬為決絕。換句話說，每一樁正常戀愛都有外遇第三者的可能，每一樁婚姻都可能面臨決裂！

若擴大卦中卦的理論，將初、上兩爻亦納入重編，取原卦中相鄰的四或五爻重新排列組合，則一卦中藏有五個卦象，都會對本卦產生影響。例如，咸卦中又含遯卦，表示熱戀時已有分手的可能，所以經過恒卦後就自然演變為遯卦。再看遯卦，中間四爻正好合成姤卦，既然熱情消退，新的情緣遂趁虛而入，所以遯之後不久就碰到姤卦。

有一首流行曲〈凡人歌〉唱道：「你我皆凡人，生在人世間；終日奔波苦，一刻不得閒……多少男子漢，一怒為紅顏；多少同林鳥，已成分飛燕；人生何其短，何必苦苦戀……」咸兮恒兮，遯兮姤兮，人生情事，真令人低徊不已。

15

縱橫天下——師卦與比卦

「師」指動員群眾進行大規模的對抗，一般即為戰爭。作戰須講求兵法，兵行險招，兵不厭詐，以全力爭奪土地和人民資源。師卦（䷆）以地中有水為象，由外卦的坤和內卦的坎構成，坤為廣土眾民，坎則充滿詭詐和艱險。

坎水曲折流動，又有機變靈活之意，《孫子兵法》稱：「兵形象水。」水藏在地底下，象徵縝密部署，以免戰力為敵人測知，現代核武大國的洲際導彈，即有此象。為免先發制人之後遭到報復，發射載體最好還能移動，核潛艇的神出鬼沒，更充分體現了師卦卦象之理。

戰爭並非一味對抗，還得重視外交謀略的運用，合縱連橫以孤立對方、壯大自己，在《易經》中為地上有水的比卦（䷇），比即互助合作、比附結盟。地水師和水地比的卦形，顛倒互易，為一體兩面、同時具有的綜卦關係。

弱國無外交，必要的武備是外交的後盾，兩國相爭，不斷來使，邊打邊談，亦常有之事。以此來看現代企業競爭，商場如戰場，又競爭又合作的競合關係，以謀求本身最大的利益，也為商戰中人所津津樂道。

先秦有《鬼谷子》一書，所論皆縱橫捭闔之術，自古即被奉為外交謀略的聖典。鬼谷子為傳說中的奇人高士，門下既有蘇秦、張儀這等外交家，又有孫臏、龐涓等軍事家，皆建奇功於當世。《鬼谷子》一書中亦略及兵機，用語和《孫子兵法》絕似，可見軍事、外交必然相依為用，不可偏廢。

河南淇縣雲夢山據說為鬼谷子隱居之地，我曾於二〇〇三與二〇〇六年去過，山奇谷闊，確為陶養事功人才、砥礪雄圖霸氣的好所在。

雲夢山山奇谷闊，是修養心性及研習技藝的好地方。

16 夫妻反目——睽卦與蹇卦

睽卦（䷥）為下經第八卦，在第七卦家人卦（䷤）之後，顯然為內訌分裂、反目成仇之象。「睽」字從目從癸，相互仇視的人，極不欲正眼看對方，即便同居一室，目光亦無交集。「癸」為十天干之末，象徵彼此相聚的緣分已盡，一旦撕破臉，再無回頭機會矣！

睽卦之後為蹇卦（䷦）。「蹇」字從寒從足，寒氣入足造成風濕痛、關節炎，不良於行。蹇卦卦象外坎內艮，坎為水為險，艮為山為阻，外險內阻，憂患重重。「睽」字是眼光、看法有了偏差，看對方百般不是，曾經愛之欲其生的，現在惡之欲其死。「蹇」字則行動、做法都受干擾，原地打轉，窒礙難行。

睽卦最後一爻表示睽極的情境，卦辭長達二十七個字，為三百八十四爻之最，讀來怵目驚心。其大意是：由於極不信任、生怕陷於孤立，產生了幻象，看對方趨近，以為是隻身上抹滿了泥巴的豬，立刻拿起弓箭要射，後來又放下了箭，原來不是敵人，而是同志，盡棄前嫌，往前和解就吉（原文是：「上九。睽孤，見豕負塗，載鬼一車。先張之弧，後說之弧。匪寇婚媾，往遇雨則吉」）。在這種疑神疑鬼的情況下，雙方武力對峙最容易出事，其實豬身上的泥巴可能是誤解、抹黑，罵別人豬，可見仇恨心之熾烈。

睽卦變蹇卦，六爻全變，《易經》中稱為「錯卦」，這種關係代表瞬間產生驚天動地的變化，由家人而睽而蹇，顯示自家人一旦反目成仇，會讓所有人都陷入困境。

蹇卦之後是解卦（䷧），明示雙方唯有和解，才能找到真正的出路。解卦六爻全變又成為家人卦，只要誠心和解，即可和好如初。卦序由家人而睽、而蹇、而解，關係錯綜複雜，透析了塵世人情的糾結與輪迴，正是：「渡盡劫波兄弟在，相逢一笑泯恩仇。」

17 密雲不雨——解卦與小畜卦

《易經》論陰陽、剛柔、強弱、大小、虛實，二者間若對立抗爭則兩敗俱傷，和諧互動則相輔相成。坤卦上爻「龍戰于野，其血玄黃」，已顯示對抗後慘烈的後果，這還只是《易》中第一滴血，屯（䷂）、需（䷄）、小畜（䷈）、歸妹（䷵）、渙（䷺）等卦亦見「血」字，皆有陰陽相傷之意。陰陽若和合，則稱「雨」，滋潤眾生，一消亢旱之氣。

睽卦上爻劍拔弩張、極端對立，爻辭最後稱：「往遇雨則吉。」希望雙方盡棄前嫌，尋求和解。解卦（䷧）全卦即為大和解的象徵，〈象傳〉裡就下了一場傾盆大雨，雷聲隆隆，百果草木都綻開堅硬的外殼，伸枝開葉，顯現欣欣向榮的生機。

下雨先得有雲，有雲卻未必下雨，小畜卦就有「密雲不雨」的卦辭，原因何在？小畜卦上卦巽為風、下卦乾為天，為風行天上之象，風吹雲走，風向決定了下雨與否。由內陸往海洋吹的風，水氣不足，雲再濃密也難下雨；反之，由海洋吹向內地的風，挾大量水氣，有雲絕對有雨。

密雲不雨，當然很難受，引人焦灼等待，卻又沒有明確的結果，徒然在僵局中乾耗，什麼計畫也很難進行。這時就得注意：密雲可能只是表面的造勢，關鍵還在其後的風向。以台海兩岸的「三通」問題而論，喊了十多年，二〇〇八年國民黨贏回政權後才真正落實，就是卡在政治的風向。民進黨執政時由於意識形態作祟，根本不想直航，當然很難突破，這叫創造性的模糊，留給人許多想像的空間，卻不會玩真的。

小畜卦爻一陰五陽，第四爻夾處在眾陽爻之間，上壓下頂，艱苦求生存，若硬碰硬毫無機會，只能以和平的手段、靈活的身法，利用矛盾，以小博大，以柔克剛。若不能建立互信，發展共存共榮的合作關係，就有可能流血，四爻爻辭中出現「血」字，正是此意。

對峙雙方若能以最大的耐心化解嫌隙，則仍有上爻尚可接受的結果：「既雨既處。」終於盼到下雨，達成初步和解，大家都可鬆口氣，相安共處，但這並非表示一切問題都已解決，其實緊張的壓力仍在，雙方仍得高度自制才行。

18 履險如夷——履卦

《易經》是憂患之書，六十四卦、三百八十四爻中充滿了憂患意識，教人面對人生的種種橫逆，找出智慧化解的法門。〈繫辭下傳〉第七章特別舉出了九個卦，作為亂世依次修行的基準，其中第一卦便是履卦（䷉）：「履，德之基也；謙，德之柄也；復，德之本也；恒，德之固也；損，德之修也；益，德之裕也；困，德之辨也；井，德之地也；巽，德之制也。」這九個卦亦有「憂患九德」之稱。

「履」即腳踏實地，充分彰顯從頭開始、敦篤務實的精神。世路難行，空言無濟於事，如臨深淵，如履薄冰，真是戰戰兢兢。

履卦卦辭稱「履虎尾」，踩老虎尾巴，這是何等危險的事！貓科動物最敏感部位一旦被踩，立刻回頭張嘴大咬，然而，後續的卦辭卻說不會有事，可獲亨通，這是什麼緣故？

〈繫辭傳〉拈出一個「和」字，也就是和為貴，心平氣和、和顏悅色，以和馴悍，即使兇殘如虎都無所措其爪牙。履卦上卦乾，為老父，下卦兌，為少女，老父疼愛少女，甘為馳驅，絕不會動怒起殺機。《老子》說：「天下之至柔，馳騁天下之至堅。」（第四十三章）就是這個道理。

「履」字也通「理」、「禮」，依據人情義理訂定的禮法，照章執行就是履。禮法制度最重視對待關係的釐定，一切權利義務、職責分工務須明確，人群社會才能運作，故履卦〈大象傳〉稱：「辨上下，定民志。」

由卦序關係來看，履卦之前為小畜卦（䷈），密雲不雨，一切關係都不確定，何去何從，僵局中人無所措手足。履卦之後為泰卦（䷊），待關係明確化、正常化以後，自然而然經濟互益，國泰民安。履卦以和為主，卦辭、〈彖傳〉、〈大象傳〉、〈繫辭傳〉皆再三強調，但實際操作卻並不順利，這由六個爻的爻辭可看出：第三爻為全卦唯一陰爻，本應發揮柔和攻勢，結果大動貪嗔，走了硬碰硬的路子，不自量力挑釁，被老虎一口咬死；第五爻為全卦君位，受刺激也失了長者愛護之誠，強硬鎮壓到底，終於釀成悲劇。

《易經》中，卦和爻吉凶迥異的例子不少。卦代表大環境，卦辭說的是整體情勢的看法；爻則是細部落實的狀況，隨時位不同而有個體利益的考量。舉例來說，泰卦景氣暢旺屬吉，但上爻泰極否來轉凶；否卦景氣蕭條，但上爻出否變吉。再好的環境也有公司倒閉；形勢再壞，仍有公司大賺。許多名門企業，外觀堂皇，令人欣羨，頻發讚歎，這是卦辭；一旦進入其中成為員工，瞭解內情後又多牢騷，這是爻辭；離職退休後回顧，覺得還不錯，又回歸卦辭的境界。禪宗說人生三境，初時「見山是山，見水是水」；後來「見山不是山，見水不是水」；最後「見山又是山，見水又是水」，與此類似。

履卦卦辭的修辭也很特殊，直言「履虎尾」，將卦名當動詞一氣貫下，表明人生任事修行，必有不可迴避的高風險，須直觸最敏感的痛點，尋求化解之道，捨此並無他途。六十四卦中，除「履虎尾」外，這樣的例子還有「否之匪人」、「同人于野」、「艮其背」三處。

履卦尚柔務實的精神，也適用於太極拳的修煉，所謂百日築基，從初爻到上爻，每個階段都得通過，才成真功夫。第三爻的凶險，正合鬆胯的必經關卡，太僵硬會出問題。待到上爻功成，爻辭稱：「其旋元吉。」隨心所欲地旋轉，美妙已極，履極成泰，百骸皆通矣！

我的學生張良維，勤習「氣機導引」有成，弟子眾多，自視頗高。十幾年前我一時興起，以易占探測其修為境界，得出的就是履卦（䷉），五爻、上爻均動。上爻通泰，爐火純青，五爻尚有未脫的剛猛氣，應與個性有關，不過確已臻上乘之境。我隨他習拳數年，自占造詣，也是履卦，只有二爻動，連鬆胯關口都未過，真是慚愧。

19 草創新生——屯卦與蒙卦

屯卦（䷂）在《易經》中排序第三，為乾、坤開天闢地後的頭一卦，象徵生命的源起，卦象上坎為水、下震為動，動於水中，表示生命起自海洋。坎亦為險，動於險中，又寓生於憂患之義。乾卦〈彖傳〉稱「萬物資始」，坤卦〈彖傳〉稱「萬物資生」，而屯卦在〈序卦傳〉中稱「物之始生」，顯然為乾、坤交合後的產物。乾為父、坤為母，父精母血，蘊胎成人，「屯」又有呱呱墜地的新生嬰兒之象。

「屯」字象形寓意，是初生小草穿地而出的景象，草根盤旋曲折，俟機破土，生命力既柔韌又強悍。物以類聚，各成聚落。泰、否二卦講景氣循環，其初爻亦以「茅茹」、「苞桑」為象，地上遍生的茅草，地下盤根錯節相連，看似柔弱不起眼，其實整體發展的潛力強大無比。今日高科技園區的規劃，將同性質的廠商集中一地，供需相倚，管理學上稱為群聚效應（clusters），配置得宜，確能發揮強大的競爭力。

屯卦之後為蒙卦（䷃）。「蒙」字也是雜草叢生、遮蔽望眼之象，既然看不清楚，就不知要往哪兒走，所以需要啟蒙。新生生命如何認識自己、辨清環境，成了頭等要事。蒙卦之後為需卦，啟蒙成功，茅塞頓開，才知道自己真正需要什麼，以及環境供不供應得上，便可擬定生存發展的方向。

乾、坤兩卦的卦辭，皆有「元、亨、利、貞」四字，為天道渾全、終而復始之義。屯為乾、坤所生，具體而微，自然也有元、亨、利、貞，由於生機初現，力量尚微，只宜培元固本，厚蓄資源，短期不可有大動作。卦辭稱「勿用」，和乾卦初爻「潛龍勿用」之意相當。中長期須有規劃，卦辭又稱「有攸往」，「攸」同「所」，「往」是行動有主之意，表示有主張、有看法，逐漸蘊養成熟自己核心的競爭力。

屯卦卦辭最後稱「利建侯」，「侯」為高官厚爵，創業者建構組織，徵聘人才，成立核心團隊，為首要之務。「侯」也通「候」，古代有占候學，探測自然環境在一年中的動態，一年三百六十五天，以五天為一候，共七十二候（為與二十四節氣對應，規定三候為一節氣，一年為七十二候），如鴻雁來、獺祭魚、白露降之類。「建侯」意指建立管道、鋪設情報網，以吸收經營必要的資訊。這就和往下的蒙卦一體相關了。

「建侯」是人生天地間，以群策群力探測自然及社會的一等大事。屯卦「利建侯」，比卦〈大象傳〉「建萬國，親諸侯」，豫卦「利建侯行師」，晉卦還有「康侯」之稱，皆重視人才拔擢、組織佈建與資訊管理。《孫子兵法》十三篇，首篇〈始計〉，末篇〈用間〉，一切作戰計畫的擬定，都是根據情報資訊的搜集與判斷而來。

屯卦的意境極美，清新和草莽兼備，志慮深遠又膽識過人，很多人習《易》都為此深致歎賞。我多年的學生相約研《易》，先後有成立「建侯會」及「屯社」者，這讓我想起年少時就讀建中的校歌：「東海東，玉山下，培新苗，吐綠芽，春風吹放自由花……」

20 飲食宴樂——需卦與訟卦

《易經》繼屯、蒙之後，為需卦。「需」即供需之需，生存發展最基本的需要便是飲食，所謂民以食為天，吃飽肚子、免於匱乏，比什麼都重要。問題是除了需求面外，還有供應面的問題，當僧多粥少，勢必造成嚴酷的生存競爭，所以「需」之後為爭訟輒起的訟卦（䷅）。爭心一起，「訟」還極可能轉為勞師動眾、大動干戈的師卦（䷆）。

需卦（䷄）外坎為險，內乾為健，健行遇險，雖需要也不得不耐心等待。等待的時間可能非常漫長，例如春秋時越王勾踐復國，歷經十年生聚（屯）、十年教訓（蒙），再打了九年仗，才償其願欲（需）。其中辛苦，真不足與外人道。

然而，勾踐臥薪嚐膽卻不是等待的最好方式，因為復仇心切，會讓人性扭曲，一味咬牙切齒，也做不好真正大事。句踐拖著全國軍民拼了三十年，所成霸業不過曇花一現，復國後清算共患難的同志不說，之後也毫無文化建設。

需卦卦辭首稱「有孚」，末言「利涉大川」，什麼是「孚」呢？「孚」字爪下有子，為母鳥卵翼、孵育幼雛之象，親子間靠體溫的傳遞化解隔閡，這是生命最基本的熱情，與生俱來，不學而能。「孚」一般解作誠信，但《聖經》所言「信望愛」，實則更切合「孚」的整體含義。漫長的等待需有信心、有盼望，更得有愛心，以化解仇恨可能帶來的罪業。至於「涉大川」就是佛教說的渡彼岸。

需卦〈大象傳〉有云：「君子以飲食宴樂。」既然一時達不到目的，不如平常心以待，該吃就吃、該喝就喝、該玩照玩，正常的生活不受干擾，行住坐臥，當下即是。

需卦六爻以過河為喻，一步步接近所需求的資源，也一步步加重面臨的危機。初爻稱「需于郊」，人少無事之處，不必自尋煩惱，好好培養實力，作長期的打算，這又得有定力和恒心。二爻稱「需于沙」，暗流浮動，批評漸多，但只要把穩既定的方向，慢慢推進，即可無礙。三爻稱「需于泥」，泥足深陷，已難抽身，得小心應對。四爻「需于血」，與對手有爆發激烈衝突的可能，最好低調化解。五爻「需于酒食」，入坎險取得資源，便可以逸待勞，宰制天下。上爻成敗已定，主客異勢，但仍要合理分配資源，勿獨佔壟斷，以消弭敵意。

乾、坤之後，屯（䷂）、蒙（䷃）、需（䷄）、訟（䷅）、師（䷆）、比（䷇）接連六卦，皆有坎險之象（上卦或下卦為坎），可見生之艱難。小畜卦密雲不雨、履卦履虎尾，也戰戰兢兢，絕不輕鬆。履卦以和氣致祥之後，世運才進入泰卦，無奈好景不長，泰極否來，又墜入人間地獄。人生橫逆之多，思之令人驚悚。

21 類族辨物——同人卦與大有卦

《易經》繼泰極否來之後，為同人（䷌）、大有（䷍）二卦，高標《禮記・禮運・大同》的理想，期能擺脫治亂更迭無已的循環。「同人」主張人同此心、心同此理，所有不同種族、宗教、文化的人能和諧相處；「大有」更進一步強調人人皆有公平發展的機會，絕不允許任何形式的壟斷和掠奪。

同人卦上卦乾、下卦離，乾為君，剛強有實力，離為文明，理念光輝動人。如同思想文化的軟體，必須結合政治經濟的硬體，一道往前、往上推進，才易發揮強大的影響力。大有卦上卦離、下卦乾，離為日，乾為天，有陽光普照之象，象徵文明理念已為天下所共仰，政經權力反而退居下卦。

「大有」的普照之象，正好說明了大家都有、人人皆有的卦旨。《列子》一書中有野人獻曝的寓言，鄉間老農感受到太陽的溫暖，想與國王分享，日光下是不分貴賤的。

大有一卦真實的含義，自古以來頗多曲解，多半講成居君位的第五爻，以一陰擁有眾陽的支持，這成了帝王心術，貌似無為，實則宰控群眾。這是「有大」，不是「大有」，完全背離了崇高的經義。

《禮記・禮運・大同》上說：「使老有所終，壯有所用，幼有所長，鰥寡孤獨廢疾者，皆有所養。男有分，女有歸。」男女老幼，包括社會中各種弱勢者，人人皆有最妥適的安排，人人皆有平等發展的權利，這不是「大有」是什麼？

同人卦卦辭號稱「同人于野」，期望將和平共處的理念由近及遠，推廣至全世界每一個荒僻的所在，這和坤卦上爻「龍戰于野」正好相反，一是世界和平，一是世界大戰，天涯海角都不能倖免。

然而，由同人卦六爻爻辭來看，實際運作起來，滿不是那麼回事：初爻「同人于門」，從自家家門內做起，獨親其親，獨子其子；二爻「同人于宗」，和同族的人相處和睦；三、四兩爻忝居一卦中的人位，卻根本不言「同人」，反而勾心鬥角，謀佔便宜，或設局暗算，或騎牆兩頭觀望。《禮記・禮運・大同》上說：「謀閉而不興，盜竊亂賊而不作。」正是針對此輩設戒。五爻居君位，以強大武備威力嚇阻，才勉強制止三爻、四爻的蠢動；上爻「同人于郊」，奮鬥到最後，也只推廣到城市近郊，離「同人于野」的志向還差得十萬八千里。換句話說，最多只保障了區域和平，全球和平仍是遙不可及的夢想。「同人」這麼難，其中原因何在？

同人卦〈大象傳〉一語道破：「君子以類族辨物。」原來還是族群問題作祟！所謂非我族類，其心必異，對沒有血緣關係的外族人，就是不放心。因此，想推動天下一家的世界主義，勢必得先過民族主義這一關。民族的形成自然而然，習性相近，起居相依，非一朝一夕之故，絕非泛論空言即可輕鬆化解。國家的成立則不同，古今中外大半由戰爭決定，勝興敗亡，堪為鐵律，春秋戰國即屬顯例。依《易經》而論，師、比兩卦即言國家之事。師卦上爻爻辭稱：「大君有命，開國承家。」比卦繼師卦之後，〈大象傳〉云：「先王以建萬國，親諸侯。」顯示大戰結束，勝利者論功行賞，分封諸侯，重建戰後的國際新秩序。

若師（䷆）、比（䷇）二卦六爻全變，師卦成同人卦，比卦成大有卦，這在《易經》中稱為「相錯」的關係，表示性質完全相反。軍事鬥爭、強權外交純屬霸道，和王道樂土的大同社會格格不入。

大有卦的卦、爻辭中，已看不到有族群的問題，〈大象傳〉稱：「遏惡揚善，順天休命。」「休」是美好、休養生息及心胸開闊之意，在天下為公、人人平等的大好環境中，當順應天命，獎善懲惡以替天行道。「遏惡揚善」的「遏」字十分有力，充滿道德勇氣，明示壞人壞事不除，好人好事亦不得保障。

「同人」之時，族群偏見嚴重，只論立場出身，不論是非；到得「大有」，才講求公義，明辨善惡。世界各民族都有其精華與糟粕，人物都有善有惡，此時宜棄短取長，兼容並包，以建構高尚光明的世界文化。

22

自昭明德——晉卦

廿世紀末前蘇聯解體，長期雄霸天下的威權體制突然告終，引起全球形勢的鉅變，同時也宣告了戈巴契夫所領導的改革失敗，不僅前蘇聯的國力一落千丈，民生經濟凋敝落後，其民主政治的施行現況也大有可議之處。相對來看，中國推動改革開放，以經濟為先，政治改革押後，民生大幅改善，綜合國力蒸蒸日上，未來發展不可限量。世局風雲變幻，這兩大國的形勢消長，給我們什麼啟示？

《易經》中談政治改革的，上經為蠱卦（䷑），下經有晉卦（䷢）。蠱卦講積久生弊，物腐蟲生，針對封閉貪瀆的體制，有全套整頓的方案；而晉卦則以日出為喻，申明天賦民權，不容侵犯打壓，人人皆可力爭上游。

晉卦下卦坤為地、上卦離為日，正是一輪紅日冉冉上升之象，〈大象傳〉稱：「君子以自昭明德。」明德即內在本性，光明自在，無有不善。人生得靠後天不斷地努力修行，以將之發揚光大。儒家說「致良知」、「在明明德」，佛教講開發自性，皆同此義。「晉」字下為日、上半其實就是兩個「至」字，有萬物俱盡、止於至善的含義。眾生皆有佛性，只要修持不墜，皆可上登極樂；人人都有良知，擴而充之，都能成賢作聖。

晉卦六爻全變，成需卦（䷄），飲食宴樂為人生正常的物欲需求，需求滿足後，還得重視精神境界的提升。晉、需二卦，在《易經》中是相錯的關係，性質截然對反，卻又有觸類旁通之義。衣食足而後知榮辱，故政治改革、民權提升，最好以經濟繁榮、民生富足為前提。以卦序論，「需」為上經第五卦，「晉」為下經第五卦，上經重天道自然，下經重人事修為，遙遙相對，亦有天人相應之義。

全世界民主政治的發展，大致依循著固定的軌道，在經濟繁榮、中產階級興起以後，人民自然會要求本身地位的改善，爭取參政的空間，這從晉卦的卦辭中亦可窺出其端倪。

《易經》經文創作於古代，有關保障民權、啟迪民智的說法，不可能說得太露，許多微言大義存於字裡行間，須深心體會才能悟知。晉卦卦辭很隱晦，〈彖傳〉的解說也不清不楚，大意是說有位政績卓著的高官，稱為「康侯」，蒙天子召見，再三嘉勉，還賞賜給他駿馬，以酬功勳。而康侯腦筋靈活，用御賜之馬去交配繁殖，生出了更多良馬，總之是加官晉爵、福祿雙至之象。

康侯的「侯」字，亦通時候之「候」，和屯卦的「利建侯」同樣一詞多義、一語雙關。「康」是富強康樂，「康侯」意指國家社會已發展到小康的時候，經濟基礎穩固，可進一步作政治改革，還政於民，讓更多的人才參與國政。天子所賜之馬，其實是象徵民權本天所賜予，當擴大繁衍，生生不息。

以個人明心見性的修行而論，天賜之馬意指良知，繁衍增生正是「致良知」、「明明德」，將與生俱來、隱微不顯的善性根苗，擴充到極致，進而導民化眾，共致太平。

晉卦六爻，描述爭取民權或彰明自性的歷程。初爻風氣未開，飽受當政者威權勢力的打壓，群眾也不同情支持，非常辛苦，這時應堅持原則、持續抗爭，並放寬心胸，廣募財源，以長期作戰。二爻境遇改善，漸成氣候，政府已不敢明目張膽對付，改以其他方式干擾，這時仍得沉著以對，善借外力以制衡之。三爻終於獲得相當民意支持，有機會向四爻所代表的舊官僚挑戰，一旦成功突破封鎖，即可分享甚至入主中央執政。

五爻大位到手，久年媳婦熬成婆，許多人會因此患得患失，轉而壓迫在野者，成了新的獨裁領袖。政治改革的理想淪落成赤裸裸的權力爭奪，人性的弱點完全暴露，政局動盪，內鬥不已，這就是上爻所顯示的悲慘世界。晉卦的下一卦為明夷（䷣），為光明受傷的日落之象，本來東升的旭日，變成了向晚的斜陽，真是令人浩歎！

需卦強調民生問題，晉卦探討民權運動，同人卦（䷌）處理民族矛盾，民族、民權、民生，正是昔日孫中山先生革命的中心理念，這三卦間錯綜複雜的關係，還真值得深入研究啊！

23

黑暗之心——明夷卦

一九七九年一部名為《現代啟示錄》的電影，是由老牌影星馬龍・白蘭度主演，敘述一名傳奇性的戰爭英雄，因受越戰刺激，性格大變，成為殺人魔王的故事。片中受命狙殺該英雄的美軍上尉，駕船一路深入沼澤、叢林，歷經恐怖、艱險，而完成任務。該片其實改編自十九世紀英國作家康拉德的小說《黑暗之心》（*Heart of Darkness*），講述非洲深處的探險事蹟。書中或片中的神秘河流，彎彎曲曲，情景詭異，小舟溯源而上，真正探索的恐怖是人性的罪惡與幽暗。

《易經》中排序第三十六為明夷卦（䷣），提出「明夷之心」一詞，以象徵黑暗勢力的禍亂根源。「夷」同蠻夷、夷狄之夷，粗魯不文，肆行掠奪傷害，「明夷」指斯文掃地、光明沉淪。明夷卦上卦坤，為眾、為勢、為地，下卦離，為明、為日，既有殘陽似血的落日之象，又象徵文明為眾勢所屈。明夷卦之前為晉卦（䷢），由日出而日落，向上提升變成向下沉淪，由佛轉魔往往一念之間，人世滄桑、人心難測，思之令人驚悚。

明夷卦的情境，和三千多年前周文王姬昌的遭遇很類似，爻辭及〈彖傳〉中多處觸及那段往事。如果文王確如傳說所稱，為《易經》的重要作者之一，則當年的羑里之囚，痛定思痛，真刺激了文王深刻反省人性。人是怎麼墮落的？為什麼會墮落？主政者禍國殃民，萬惡滔天，為什麼還有那麼多人同流合汙、助紂為虐？飽受壓制摧殘的人民群眾應該怎麼辦？漫漫難熬的黑夜裡，可以做些什麼？什麼時候才能再看到明朝的太陽升起？

據說，文王做政治犯的時候，紂王將其長子伯邑考殺害，剁成肉醬給文王吃，而文王居然也狠心吃下，這種慘絕人寰的經驗，如果換成是我們碰到，該怎麼辦？一九九八年夏，我初次赴河南羑里時，聽導遊介紹，有處叫「吐兒堆」，傳說文王當年忍痛吞下後，又難過地吐了出來。父子連心，其情可知，政治鬥爭下的人心，多麼猙獰可怖？

再如紂王兄弟箕子的處境，家門不幸，出了紂王這種人魔，眼看祖宗基業不保，苦勸又勸不回，反易惹來殺身之禍，也沒有勾結外人、所謂大義滅親之理，走又走不掉，裝瘋賣傻似乎成了唯一的抉擇。政權可亡，文化的薪傳不能斷，武王伐紂成功後，箕子授「洪範」（見《尚書・洪範》）治國大法於武王，然後飄然而去，遠赴朝鮮，這種悲心和睿智也是人間少有的。

真正出手解決問題的，當然還是武王。獨夫（指紂王）為禍天下，已不必再存仁義之想，以殺止殺，絕不手軟，關鍵在出手的時機，萬一判斷失誤，一擊不中，可就麻煩了……

明夷卦第三爻爻辭所述，即蕩寇除魔之大事。爻變成復卦（䷗），剝極而復，國土重光，徹底擺脫了無邊惡業的糾纏。

24 天地之心——復卦

《易經》為集體創作的結晶，伏羲發其端，文王繼其緒，孔子集大成，歷經四千多年的演進，才有今日聖經賢傳的規模。伏羲故里在甘肅天水，治天下在河南淮陽；文王在陝西岐山稱王，入河南羑里受難；孔子周遊列國，仍終老山東曲阜，成至聖先師。這三人的生平事蹟，似乎也像滾滾東流的黃河，後浪接著前浪，起源於崇山峻嶺，傾瀉入汪洋大海，為華夏文明的蘊養茁壯立下了不朽的功勳。

一九九八年夏，我帶著二十位學生赴內地作《易經》溯源之旅，由山東至甘肅，整個走了一遍，體驗生生

河南羑里的文王廟。相傳周文王被囚禁在羑里時，演易並製作卦辭。後人在此設址紀念。

不息的創《易》歷程。天水清廓寥遠，一畫開天地；羑里庭院深深，幽囚演《易》，傷心人別有懷抱；曲阜林木蓊鬱，氣象萬千，規模又復不同。

如果說，文王歷人生慘酷之境，親證明夷之心，激發除奸之志，那麼明夷卦（䷣）第三爻爻變後所成復卦（䷗）之象，就是孔子獨造之境。復卦非復古，而是有繼承、有創新，不是同一水平面的循環往復，而是成螺旋形的進階上升。文王仁德愛民，忍辱負重，所成就的仍屬小康境界；孔子深察治亂之源，主張天下為公，已是大同思想。

明夷卦之所以禍國殃民，源始於「明夷之心」，為民除害後，如何保證新的掌權者不墮落？日出日落，誰經得起這般輪迴式的折騰？復卦正本清源，在〈彖傳〉中提

文王廟中的八卦陣。遊走在迂迴曲折的八卦陣中，來客或能體會八卦的深奧玄奇。

出「天地之心」的訴求，天地無私，汰舊換新，終而復始，容不得獨裁或壟斷。宋儒張載說得好：「為天地立心，為生民立命，為往聖繼絕學，為萬世開太平。」存亡繼絕，剝盡而復，不僅繼往，更重開來，這才是復卦的真精神。

《易經》上經三十卦，實即自然界生命演化的歷程：乾、坤開天闢地，屯、蒙物之新生，生命由簡而繁，至第二十三卦剝卦（䷖）時，上艮為止、下坤為地，表示生物大滅絕，地面上已沒有生命活動的跡象。第二十四卦復卦，上坤為地、下震為動，代表地底下又有新的生靈誕生，躲過浩劫的新物種身軀較小，智慧卻高，適應環境的能耐也較強。所謂舊的不去，新的不來，自然演化的優勝劣敗，反而造就了更高級生命形式的

甘肅天水伏羲廟。一般認為，八卦是由遠古時代的伏羲氏所制定。伏羲原出甘肅天水，後來遷至河南淮陽，在此畫卦演易。〈繫辭下傳〉第二章：「古者包犧氏之王天下也，仰則觀象於天，俯則觀法於地，觀鳥獸之文，與地之宜，近取諸身，遠取諸物，於是始作八卦，以通神明之德，以類萬物之情。」「包犧」即指伏羲。

出現。復卦之後，為无妄（䷘）、大畜（䷙），都是代表高層心智的運用，顯示靠蠻力競爭已難以生存，最後身心靈的快速發展，終於創造了第三十卦離卦（䷝）所象徵的光輝燦爛的人類文明。

《易經》是詮釋天地人關係的學問，乾天坤地稱「父母卦」，天地之心的復卦又稱「小父母卦」，以彰顯人頂天立地的責任。復卦的卦象、卦理，在六十四卦中居關鍵的地位，影響重大，幾乎所有沉淪困頓、幽暗不明的卦爻，歸根究柢，都得靠復卦的精神來解救。

然而，天地之心的精神能量並非現成，須經長期苦修，才可蘊養自如，稍一不慎還可能走火入魔。復卦第三爻為人位，爻辭顯示欲望牽扯，屢錯屢改，一旦失控，爻變即成明夷卦，天地之心又淪為黑暗之心。復卦上爻更誤入歧途，惡業重大，引發天災人禍，讓成千上萬民眾跟著陪葬。修心云云，談何容易？

25 憧憧往來——咸卦

依天文學家推斷，宇宙肇始於一百三十至一百五十億年前，太陽系含地球在四十六億年前成形，地球上出現生命不到四十億年的時間，而人類登上演化的舞台才幾百萬年，有史可考數千年，科技文明昌盛不過百年間事。現今我們擁有的一切，似乎都來之不易，生而為人，有感情，能思考，發明工具，創造文明，已是億萬年造化的奇蹟，應該好自珍惜。

《易經》下經以咸卦（䷞）為首，探討人的身心結構、所思所感，由此展開下經三十四卦對人世間的全面論述。咸卦六爻全以人身為象，從腳到頭，敘述身體各部位的感應，以及整體息息相關的互動，其中所含的道理，在中醫養生學上都有依據，善加運用，身心必可獲益。

咸卦〈彖傳〉中直指人心，期待人人心心相印，能致天下和平，顯現作者高尚的道德情操，然而在現實人生中往往不是這樣，六爻爻辭氣和心平者少，浮躁妄動者多。咸卦六爻全變，成損卦（䷨），兩卦相錯，有觸類旁通之義，明示感情用之不當，會受極大傷害。損卦內卦兌，歡悅情濃，外卦艮，不動如山、適可而止，故而〈大象傳〉稱：「君子以懲忿窒欲。」

咸卦初爻爻辭云：「咸其拇。」形容腳掌的大拇趾有感應，欲邁步前行，一切自然而然，成敗吉凶在所不計。不稱足、不稱趾，而稱拇，可見感受細膩，五趾各自不同，拇率群趾也有帶頭作用。初爻爻變成革卦（䷰），表示心裡已起了驚天動地的變化，頗思付諸行動以改造環境。下經重人事的第一爻，就有這樣的自覺和氣勢，令人振奮。

行動前必先心動，第四爻所言「憧憧往來」即是。「憧」字從童心取義，小孩心思不定，很難專注持久，對未來充滿不切實際的憧憬嚮往，一會兒要這樣，一會兒要那樣，很難真正成事，此爻爻變成蹇卦（䷦），果然不行。

人生因夢想而偉大，憧憬未來本無不可，但得進一步冷靜思考，擇一而從，而且也得有配套的做法，才能成功，因此當咸卦初、四兩爻齊變，方成既濟卦（䷾），果然安渡彼岸，功德圓滿。

咸卦二爻爻辭云：「咸其腓。」「腓」是小腿肚，受感應也想動，但還是不動為妙。因為此爻爻變成大過卦（䷛），有不堪負荷、犯重大過失的可能。五爻居君位，爻辭稱：「咸其脢。」「脢」為夾脊肉，在督脈的中樞，全身各部感應薈萃於此。中樞決策必須全盤考量，顧全大局，不宜感情用事，輕舉妄動。五爻爻變成小過卦（䷽），謹小慎微，低調內斂，以免出錯。

五爻與二爻間的互動關係，在《易經》的每一卦中都非常重要，咸卦二、五爻齊變，成恒卦（䷟），激情收斂，以圖長治久安。

咸卦三爻爻辭云：「咸其股。」「股」是大腿，極度熱情敏感，很難遏制不動。三爻爻變成萃卦（䷞），為精英相聚之意，由於心儀的對象太精彩出眾，迫切想與對方會面。上爻爻辭稱：「咸其輔頰舌。」雖是甜言蜜語滔滔不絕，未必有真情實意。上爻爻變成遯卦（䷠），甚至已有抽身快閃的想法。當三爻與上爻兩爻齊變，即成否卦（䷋），表示落花雖有意，流水竟無情，好事難諧。

不同的時空環境、不同的配對關係，由既濟卦開始，作恒久的打算，最後卻以天地不交的否卦告終，人心易變，人性無常，再次得到印證。

26

肉身成聖——艮卦

自古宗教大德禁欲苦行，死後肉身不壞者，以禪宗六祖惠能最稱奇蹟。廣東南華寺內供奉的真身塑像，飽滿莊嚴，據說有人碰觸，作銅的聲響。德高鬼神驚，這比世間一些梟雄處處建自己銅像，希望世人記得他高明多了。「太上有立德」，這才是真正的不朽。

除佛家外，如安陽高道吳雲青、北京香河周鳳臣老嫗，也都有類似的現身說法。這些現象在科技上完全沒法解釋，究竟是什麼深奧的力量讓他們臻此境界呢？

《易經》中的咸、艮兩卦，六爻全以人身取象，咸卦探討身心各部位的感應，艮卦（䷳）則針對情欲傷身下克治的工夫。咸卦為下經之首，全經排序第三十一，艮卦排序第五十二，歷經下經二十一卦的演變，對人情人性已有相當的體認。咸卦（䷞）上兌下艮，兌為少女，艮為少男，譜出青春戀情；艮卦上艮下艮，少男謹守獨身。

艮卦取象為山，遇阻則止，人生縱情逞欲，必多業障，須調伏其心，適可而止。修行艱難，如攀高山，過得一峰又一峰，待覺行圓滿、登峰造極後，自然一心不亂，不動如山。

「艮」字的原意為目光集中注視，心到意守，絕不旁顧。中文如狠、退、限、根、恨等，均帶有斬斷塵緣、矢志修行之義。弘一大師李叔同，前半生文采風流，歷盡人間情事，出家之後則持戒律宗，萬緣俱泯，可說是從咸卦轉成艮卦的顯例。艮卦的意境深受佛門修行者激賞，認為它等同於一部《法華經》，六爻所示，正合成佛的修行次第。

艮卦卦辭端靜穩重，要言不煩：「艮其背，不獲其身。行其庭，不見其人。無咎。」止欲修行，先從背對誘惑、專心面壁做起，練到去除我執，不再受肉身欲望的牽扯，這是小乘內修的境界。至於大乘功夫，還得面對人群，度脫眾生，行於大庭廣眾之中，全然不受人際事務的干擾。《金剛經》名句：「無我相，無人相，無眾生相，無壽者相，離一切諸相，即名諸佛。」正與此相通。

艮卦前五爻以「艮其趾」、「艮其腓」、「艮其限」、「艮其身」、「艮其輔」為稱，從腳到頭，下足止欲的功夫。上爻改稱「敦艮吉」，敦實厚重，為修成後的大德之相，行住坐臥，自然合道。孔子自稱「七十而從心所欲不踰矩」，應該就是這樣。

咸卦初爻「咸其拇」，艮卦初爻以「艮其趾」治之。拇為趾之首，受感應時各趾不同，深微細膩，冷暖自知；克治時一視同仁，全部禁足，以免麻煩。咸卦二爻「咸其腓」，腓為小腿肚，艮卦二爻「艮其腓」，力圖節制卻未成功，心裡很不痛快。

艮卦三爻「艮其限，列其夤，厲薰心」，「限」指腰，「夤」指背脊肉。腰為上半身和下半身的分隔處，強忍情欲已至極限，牽動背脊都不舒服，像要綳緊斷裂一樣，天人交戰，如烈火燒心般痛苦。艮卦三爻爻變，成剝卦（䷖），真是千刀萬剮，受盡煎熬。咸卦三爻「咸其股」、五爻「咸其脢」（「脢」即背脊肉），乃至四爻憧憧驛動的心，各部位的複雜感應都彙集於艮卦第三爻，此爻真是修行的天關，多少梟雄豪傑盡摧磨。

此關若過，去我執，無我相，由下而上，由內而外，獨善其身進而兼善天下，故艮卦四爻稱「艮其身」，無咎。

咸卦上爻「咸其輔頰舌」，空言無實；艮卦五爻「艮其輔」，謹言慎行，不言則已，言必由衷，以符合居君位的最高領導人身份。

艮卦止欲修行，絕非槁木死灰，而是自度度人。上爻「敦艮吉」，爻變成謙卦（䷎），虛懷化眾，服務人群。艮卦的〈彖傳〉說得很清楚：「時止則止，時行則行，動靜不失其時，其道光明。」

27 苦節不可貞——節卦與渙卦

〈繫辭傳〉說伏羲畫卦，仰觀天象、俯察地理，研究動、植物生態，以及人的身體構造，因而創立了卦爻的符號體系。宇宙為一大天地，人身為一小天地，大小懸殊，卻有共通的自然法則。易卦六爻，許多皆從人身取象，咸、艮二卦為顯例，而排序第六十的節卦，妙演天人之理，層次分明，也非常值得注意。

節卦（䷻）上卦坎為水、下卦兌為澤，澤上有水，須節制使用以免乾涸。水庫貯水，必設水位標尺，量入為出，才能運轉無礙。同理，身體保健、飲食起居、男女歡愛，亦得善加節控，避免縱欲傷身。人群互動，為了保障彼此權益，須建立制度、明訂規範。自然界四時運行，生命繁衍，都有節奏律則，二十四節氣就是最好的例證。

「節」字上為竹，竹子以節為限，生長到一階段，盤旋成節，有效收束後再往上竄高，所謂節節高升。竹子中空外直，是仁人君子、高風亮節的象徵。節卦卦形初、二爻為陽，實據地下、地上之位；三、四爻為陰，人位虛中應事；五、上爻一陽一陰，天位實虛相間。全卦三陰三陽，比例均衡，協調有致，充滿了秩序的美感。

人體昂然屹立，由下而上，也分六大關節：踝、膝、胯、腰、椎、頸。初爻似腳踝位置，陽剛正直，據地落實；二爻如膝蓋，陽而能陰，剛而能柔，承上啟下，不失分寸；三、四爻皆陰，柔胯、鬆腰，肢體動作才靈活；五爻陽剛中正，脊椎當人體中樞，不宜佝僂疏鬆；上爻為頸項，俯仰環視，又得柔韌自在，故為陰爻。

節卦六爻陰陽虛實的搭配合宜，顯示人體完全健康的狀態，若有多處變化，必致疾病。例如：下卦三爻全變，成蹇卦（䷦），寒氣侵足，寸步難行，有風濕、關節炎之象，下半身近乎癱瘓。上卦三爻全變，成睽卦（䷥），顯示各行其是，上半身極不協調。設若六爻全變，成旅卦（䷷），飄飄蕩蕩，失魂落魄，那就更不堪設想了！如果初、三、四爻齊變，成大過卦（䷛），腳踝虛浮，腰胯僵硬，必然造成身心嚴重失衡，得用非常手法整治了。

人體關節處承上啟下、屈伸偃仰，最易藏汙納垢或運轉不靈，而致氣血淤塞、精神渙散，須適量運動以調治。節卦之前為渙卦，節、渙二卦一體相綜，渙的卦、爻辭中即主張奔跑、大量流汗、大聲呼號以舒筋活血。

節卦卦辭稱：「亨，苦節不可貞。」節制得宜，當然亨通，但節得過火，造成精神痛苦不堪，就得改弦更張。節卦外卦坎險、內卦兌悅，五爻稱「甘節吉」，明示節卦旨在歡喜做，甘願受，苦盡甘來，回味無窮。若壓抑過度，如上爻所謂「苦節，貞凶」，反而斲喪生機。

人間的種種制度何嘗不然？舉凡政治、經濟、社會、家庭、企業、婚姻，制度的設立是為了解決問題，給多數人帶來最大程度的幸福，而非製造痛苦。如果制度僵化，戕害人性，要改的是制度，而不是勉強眾人去遷就。節卦之節是時節、活節，並非死節，不必為了遵守過時之節，而搞成心有千千結。

因此，節卦〈大象傳〉稱：「君子以制數度，議德行。」一定制度須明確，最好能數量化，一分是一分，一寸是一寸，但仍得預留討論的彈性空間，視人的適應表現再作定奪。民主制度在西方可能不錯，在亞洲、中東施行就不見得；智慧財產權保障有利於先進國家，在開發中國家就綁手綁腳，這些都值得大家深思。

28 養生主──頤卦

中國的養生學與道家關係相當密切，《老子》一書中就有許多養生的基本觀念，《莊子》內七篇為莊學核心，繼〈逍遙遊〉、〈齊物論〉之後，第三篇即名〈養生主〉，借庖丁解牛為喻，暢發因順自然、遊刃有餘的養生法門。

《易經》為儒、道兩家的思想淵源，卦爻中所含的養生原理更豐富，可惜研究開發得不夠，雖然有名醫須通大易之說，仍多泛泛之論。未來易學的發展，其實這是條該走的路。

頤卦（䷚）排序第二十七，可說是集《易經》養生學的大成。卦形下震為動、上艮為止，四陰爻包在二陽爻之內，像人嘴咀嚼進食之狀，養生本以飲食為先。病從口入，禍從口出，內動外止，又有謹言慎行之象。養生涵蓋甚廣，從養身、養心、養氣、養神開始，自養俱足後進而養人，以至養賢、養民、供養一切眾生。

以武家練氣而言，頤卦中四爻全虛，提供了最大可能的體內空間，讓氣激蕩迴旋，生生不息，內勁十足，中心有主，而外面沉著穩靜，不動如山。老子說天地之間生生化化，活像個大風箱，愈拉愈旺，人體的內部空間想必也是如此。

以頤卦為人體身心結構的基本盤，六爻全變成大過卦（䷛），正常機制全受破壞，離死不遠。初爻爻變成剝卦（䷖），上爻爻變為復卦（䷗），新陳代謝，剝極而復，正是養生功能的顯現。二爻爻變成損卦（䷨），五爻爻變為益卦（䷩），先損後益，健康的身心由節制嗜欲、刻苦鍛煉而來。三爻爻變成賁卦（䷕），四爻爻變為噬嗑卦（䷔），「賁」指一切外在色相，美容源於養生，「噬嗑」偏嗜肉食，消化不良，有礙健康。三、四兩爻屬卦中的人位，食色性也，飲食男女，人之大欲存焉。

頤卦卦形呈鏡像對稱，若將內卦三爻翻轉倒置，即成外卦三爻，初上、二五、三四互成鏡前鏡後的對應關係。頤卦之後的大過卦、坎卦（䷜）、離卦（䷝），都是如此。生和死、險陷地獄與光明天堂，皆在鏡中呈現。這種對稱的卦形，全體倒轉傾置，其形不變，在《易經》中稱為「自相綜」，渾然一體，沒有其他綜卦，綜卦即為本卦。除以上四卦外，乾、坤二卦和中孚（䷼）、小過（䷽）二卦亦屬自相綜，表示無論正看反看，都看到同樣的體相，客觀真理不隨觀察角度而異，不因立場而生是非。

頤卦卦辭稱「貞吉」，貞即固守養生正道，毫不逾越，但中間四爻爻辭非顛即拂，顛倒夢想、反常而行之事在所多有，四爻且稱「虎視眈眈，其欲逐逐」，貪婪之情溢於言表。可見養生之道，說來容易，要實際做到卻是千難萬難。

頤卦初爻稱「舍爾靈龜」，靈龜象徵靈明自性，為內在俱足的生命本源，頤養之初，受欲望牽累，往往放縱胡為、戕害生機。初爻和四爻相應，虎視眈眈正指此而言，年輕後生把持不住，以龜飼虎，成了兇猛情欲的犧牲品。

頤卦二、五爻皆稱「拂經」，顯示違反養生的常道，經也可能和經絡、經脈有關，為人體氣血運行的路徑。《莊子・養生主》一篇中即主張「緣督以為經」，督為督脈，沿背脊而上，為全身中樞，緣即隨順，和「由頤」之「由」相當。咸卦第五爻「咸其脢」、艮卦第三爻從腰酸引發背痛，乃至節卦五爻「甘節」、上爻「苦節」，似乎說的都是這個關鍵部位。

上爻稱「由頤」，二、五爻從拂經到由頤，回歸正道。「由」字似田中作物順勢上長，一切自然而然，不假安排。養生之道，一言以蔽之，就是順自然，該吃就吃，當睡則睡，絕不費力強為，這才自由自在。

養生主除了講順自然養生外，還主張坦然面對死亡，其實庖丁解牛是殺生，以殺生喻養生，這種寓言就夠絕的。對死亡的恐懼不除，生亦不安。什麼是生？什麼是死？死後還有沒有生？莊子在最後提出了薪盡火傳、精神永生的結論。《易經》繼頤卦之後為大過卦，談的就是勘破生死關；大過卦後的坎、離二卦，向下沉淪或向上提升，談的不正是精神永續的問題嗎？

易學小教室

自相綜

綜卦為一卦的六爻上下翻轉所得之卦。若上下翻轉所得的綜卦，還是原來的卦，就稱為「自相綜」。六十四卦中，自相綜的卦共有八個：乾、坤、中孚、小過、頤、大過、坎、離。這八卦無論正看、反看，都呈現同樣的體相，表示此八卦所象徵的客觀真理，不會隨觀察角度而異——天地自然、生死大事，對任何人都是一樣的。

乾　坤　中孚　小過　頤　大過　坎　離

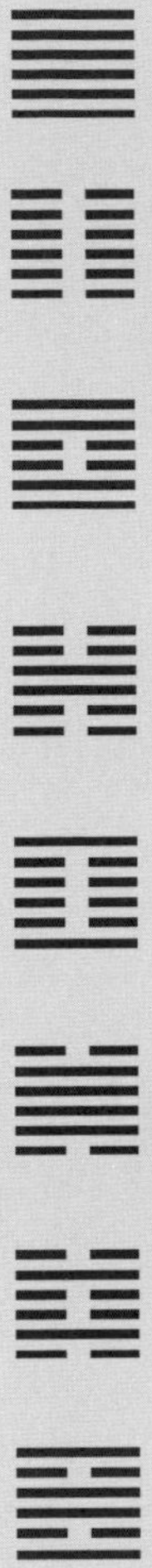

29 愛與死——大過卦

金代詞人元好問曾有名句：「問世間情為何物，直教生死相許？」小說家金庸將其譜入《神雕俠侶》，成為該書盪氣迴腸的主題，輾轉流傳，益添魅力。

《易經》中排序第二十七、二十八的頤（䷚）、大過（䷛）二卦，論述生死大事。頤卦養生首重飲食，營養均衡，以求健康長壽；大過卦面對死亡，飲食無濟於事，男歡女愛、傳宗接代，才能延續精魂，以超克死亡。

頤卦卦形似口，下卦震動，上卦艮止，有如咀嚼大快朵頤；大過卦四陽貫入二陰之中，下卦巽為潛伏深入、上卦兌為歡悅無限，正合男女交媾之象。〈雜卦傳〉稱：「大過，顛也。」顛鸞倒鳳、癲狂烈愛、顛覆體制，人在狂熱激情裡渾然忘了恐懼。

大過六爻裡或隱或顯，全以情色取象：二爻枯木逢春，老夫少妻；五爻枯楊開花，老妻少夫。這是老少配，年齡不是問題。初爻荒郊野地，鋪上白色茅草，以成就好事，場所沒有關係；上爻過河滅頂，至死無悔，做鬼也風流。三四兩爻為人位，以棟樑彎曲及隆起為象，實指男性生理反應，能不能盡人道之事。

大過卦上兌為澤、下巽為風也為木，木在澤下，有澤水暴漲、淹沒澤旁樹木之象，二、五爻的枯楊意象由此而來。中文成語稱淫蕩女子為「水性楊花」，意指情欲氾濫，貪歡無度，足以滅身。初爻的白色茅草，和《詩經》中的一篇著名情詩〈召南‧野有死麇〉有關：森林中的獵人，將獵獲的獐和鹿，以白茅草包上，送給懷春的少女，借此求歡。獵人在情急之下拉扯裙帶，惹得對方大發嬌嗔，要求溫柔以待，別驚動附近的野狗叫起來……

大過卦初爻爻變，成夬卦（䷪），剛柔大對決；上爻爻變，成姤卦（䷫），陰陽相歡私會。根據卦中有卦的理論，大過卦中有兩夬、兩姤、一乾，可見內勢極剛強，隨時可能衝決網羅，顛覆體制，無所不用其極。卦形四陽夾於二陰之中，也是紙包不住火，難以規範之象。

大過卦自古稱「棺材卦」，凶象昭著，但也因為生存壓力太大，反而激發人視死如歸的勇氣，置之死地而後生。「大過」有非常之義，非常人物在非常之時，往往有旋乾轉坤的非常舉動。大過之愛也不限於男女之愛，親情、友情，乃至國家民族、悲憫眾生之大愛，都能讓人奮不顧身，勇於承擔，粉身碎骨亦在所不惜。

明朝鐵血名相張居正，功業彪炳，儒、佛學養俱深，他曾在與友人書中發弘願，願以其身為薦席，使人臥眠其上，便溺垢穢，無所不至。此即大過卦初爻白茅之義，一陰負荷四陽之重，卻歡喜做，甘願受。佛菩薩捨身飼虎，割肉餵鷹；地藏王不等地獄成空，誓不成佛，皆同此義。

清朝禁煙名臣林則徐，鐵肩承謗，有詩明志：「苟利國家生死以，豈因禍福趨避之。」趨吉避凶的人之常情，在大過之愛裡得獲超越。

金庸小說《倚天屠龍記》中，明教教眾於光明頂大會散後，悲歌慷慨：

焚我殘軀，熊熊烈火。生亦何歡，死亦何苦？
為善除惡，唯光明故。喜樂悲歡，皆歸塵土。
憐我世人，憂患實多！憐我世人，憂患實多！

頤卦的生與食，大過卦的愛與死，令人低迴不已。

30

大明終始——離卦與坎卦

《易經》上經三十卦，從乾坤開天闢地起，敘述自然演化的歷程，最後兩卦為坎、離。離卦（䷝）中虛，有網罟孔目相連之象，漁獵時代結繩作網，為基本的生存工具，現代資訊世界的網際聯繫，更是文明運作的常規。〈說卦傳〉釋八卦，以「麗」字詮釋離卦，麗為附麗、附著，原意是兩頭鹿相依偎，伉儷情深，互相照顧關懷，猶如社會中人人為我、我為人人，誰也不能夠遺世而獨立，都得依附在人際網路上工作及生活。

麗也是明豔亮麗，離卦為日、為火，太陽創造了地球上的生命世界，火的發現和運用也是人類文明史上的大事。離卦居上經之末，表示人所創造的文明，為天地造化的最後奇蹟，光輝燦爛，遠遠超過了一般生命所臻的境界。

離卦〈大象傳〉稱：「大人以繼明照於四方。」文明之可貴，就在於突破了肉身生死的限制，不斷積累繼承、傳之久遠。坎、離之前為象徵生死的頤、大過二卦，即為此意。人都貪生怕死，孟子卻說所惡有甚於死者，所欲有甚於生者，而有殺身成仁、捨生取義的壯舉。比死還可怕的就是坎卦（䷜），象徵墜入地獄、永世沉淪；比活還值得追求的正是離卦，精神永垂不朽，往生極樂。

「大人」是《易經》中的最高德位，與天地、日月、四時、鬼神合序合德，往下則是聖人、賢人、君子、庶民，這和佛教修行分佛、菩薩、羅漢、眾生等品級類似。六十四卦的〈大象傳〉中，絕大多數稱「君子」，也有因地位特殊而稱「先王」、「后」、「上」，唯有離卦稱「大人」，表示開創文明的成就上與天齊，將人的價值提升到最高境界。

不過，文明的進展亦須有所節制，才會給人類帶來真正的幸福。核武器的發明、科技的發展、對自然環境的嚴重破壞，以及複製生命的嘗試，都有可能引發文明的浩劫。離卦第四爻所描述的，就是這種情景：「突如其來如，焚如，死如，棄如。」〈小象傳〉還說：「無所容也。」突然天降奇禍，將累世功業毀於一旦，由於死傷人數過多，很久都沒有人趕來善後。四爻爻變，成賁卦（䷕），賁為浮飾虛華，一切色相轉頭成空。離卦第四爻的大毀滅，自古號稱全《易》第一凶爻，警世意味濃厚。所幸這尚非最後結局，跟著的五爻、上爻，在極度悲痛下集合倖存者的力量，找出災禍的緣由並剷除之，終於在廢墟中重建了文明。

離卦中間四爻，依二三四、三四五爻重組，成大過卦（䷛），是為離的卦中卦，象徵文明負載過度，以致崩毀。依卦中卦的理論，離卦中尚存有家人（䷤）、睽（䷥）、革（䷰）、鼎（䷱）四卦，象徵地球村的居民可能相處和睦、天下一家，也可能反目成仇、相爭相殺，但無論歷經多少劫難，總期能革故鼎新，不斷在破壞中重建。

乾卦肇始宇宙，全《易》排序第一，其〈彖傳〉中已對此明確預言：「大明終始。」由人類高級心智所創造的文明，恒能終而復始，生生不息。

31

不家食——大畜卦與无妄卦

《易經》六十四卦中，以「大」名卦者有四：大有（䷍）、大畜（䷙）、大過（䷛）、大壯（䷡），以「小」名卦者僅二：小畜（䷈）、小過（䷽）。大小並不均衡，沒有所謂的「小有」、「小壯」。「大有」主張大家都有，人人平等，自然反對小部分人擁有特權的壟斷；「大壯」陽剛過度，易惹是生非，必須理性節控，陰柔順勢則無虞。

「小過」謹小慎微，有過必改，遲早成功，故其後接既濟卦；「大過」積重難返，有如過河卒子只能拼命向前，還有博取勝利的機會，故其後為坎卦的奇險和離卦的重光。

「小畜」以小博大，在強鄰環伺的夾縫中求生存，能和平解決已是萬幸；「大畜」則不同，多方儲備資源，以圖大事。小畜卦君位爻變，成大畜卦，取得主導地位，原先一陰爻的劣勢也擴張成二陰爻，表示生存空間加大，可進一步開拓新局。

大畜卦之前為无妄卦（䷘），不妄想、不妄動，存誠務實，以積累真實力量。大畜之後為頤卦，自養養人，成功建構嶄新的生態圈。

台海兩岸的經濟密切交流，各行各業的台商大舉西進，以開創事業的第二春。依據由剝而復、无妄、大畜的卦序原理，將核心資源投入大陸市場，固然方向正確，卻不可偏離現實妄想，必須多方面做好充實的準備。

〈雜卦傳〉稱：「大畜，時也。」所有的準備還得合乎時之所需，算好未來的發展態勢，現在就開始佈局。〈彖傳〉稱：「剛健，篤實，輝光，日新其德。」每天都得有進度，以跟上時代變動的腳步。

〈大象傳〉則稱：「君子以多識前言往行，以畜其德。」到一個新的地方去發展，必須多聽取前人奮鬥的經驗及看法，然後針對自己的狀況，選擇性地消化吸收。復卦見天地之心，重點在人智的發揚，而无妄、大畜二卦由復卦而生，都屬於高層次的思維運作，不是簡單的搬運、堆積而已。知識創造財富，智慧無形無體，才是開發不盡的寶藏。

大畜卦六爻以畜牧為象，展現儲備資源、培養人才的歷程。初爻為童牛，初生之犢不畏虎，易瞎闖生事，故四爻須設限預作防範；二爻為野豬，發情時四處衝撞，乾脆去勢以絕後患；三爻為良馬，自視不凡，得再加緊訓練，使其熟習戰陣攻防之事。資源多多益善，人才不拘一格，兼容並蓄，以圖大事。

大畜卦卦辭云：「利貞。不家食，吉。利涉大川。」「貞」是固守不妄動，前五爻都在作準備；「不家食」表示不待在老家坐吃山空，大丈夫志在四方，積極佈局規劃；「利涉大川」，代表至上爻終於安渡彼岸，冒險犯難而獲成功。

大畜卦上爻以天衢為象，四通八達，海闊天空，爻變成泰卦（䷊），表示長期的準備終獲突破，從此大開大闔，龍騰虎躍矣！衢是通都大邑、國際交通要道，今日台商西進的天衢為何？廣州、大連、上海、青島、天津，所謂「廣大上青天」，正合天衢之義。

32

三人行——損卦與家人卦

三十多年前有一部很受歡迎的電視劇集，是以一男二女同租一屋為題材，輕鬆詼諧地反映現代生活的兩性關係，片名就叫《三人行》（Three's Company）。片中並不涉及「齊人之福」，只是這片名留給人很多想像空間。

《易經》中也有「三人行」，出現在損卦（䷨）第三爻：「三人行，則損一人；一人行，則得其友。」損卦外卦為艮、內卦為兌，艮為少男、兌為少女，兩情相悅本屬自然，但搞成三角關係就不好了。最好還是一人退出，另尋伴侶，不僅剩下兩人成雙，自己也遇新歡成對，豈不是兩全其美？內兌為愛悅之情，外艮為適可而止，表示不能為了一己貪歡，破壞了人群關係的和諧，所以〈大象傳〉稱：「君子以懲忿窒欲。」

這麼平常易懂的道理，情場中人卻不是都辦得到，古代社會男女不平權，一夫多妻的制度更助長了貪多務得的習性。家人卦（䷤）五爻君位，為男性家長，四爻理財、二爻燒飯，就有分工共事一夫之義，似乎也能相處和樂。然而，家人卦之後為睽卦（䷥），此二卦相綜，可說家人的另一面就是暌，人前相安無事，私底下可能鬥翻了天！

暌卦上卦離為火、下卦兌為澤，火往上燒，澤水下流，完全背道而行、水火不容。離為中女、兌為少女，二女同居卻不同志，顯然為了爭寵而生是非，所謂兩個女人間的戰爭，最難料理，愛恨情仇，不知伊於胡底。

家人、暌之後，是蹇（䷦）、解（䷧）二卦，反目成仇，誰都難以施展，只得遷就大局，尋求和解。這四卦錯綜相連，鬧得天翻地覆，人人驚悚，若能痛定思痛，便會考慮正本清源的進一步做法。解卦之後，正是損卦，「三人行，則損一人」就是最後提出的主張。

風月情濃，一旦要割捨，當然百般不願，但捨得捨得，能捨才能得，損卦之後為益卦（䷩），損極轉益，生命中又會出現新的機緣。損卦上爻所述，正是推陳出新、海闊天空的人生新貌，爻辭最後稱「無家」，意指不再局限於家鄉之地發展，處處無家處處家矣！上爻爻變，成臨卦，自由開放，君臨天下，有本領的人到任何地方都有卓越的表現。臨卦〈大象傳〉稱「無窮」、「無疆」，損之後的益卦，〈彖傳〉中亦兩稱「無疆」，表示沒有止境，沒有界限，真正是全球化的跨國經營了。

損卦上爻的大成功，實繫於三爻的心態轉變，而三爻爻變為大畜卦（䷙），多方準備，正是為了卦辭所稱：「不家食，吉。利涉大川。」由「不家食，吉」到無家、無疆、無窮，徹底突破了家人卦所象徵的熟悉、溫馨卻保守狹隘的格局。

以臺灣資訊產業的龍頭宏碁電腦（Acer）為例，企業主施振榮的子弟兵人才濟濟，卻也因理念、個性的不同，滋生不少爭議。多年前，李焜耀分出來另立門戶明碁（BenQ），銳意經營的結果，反有青出於藍之勢，而王振堂看守的本業也在競爭的壓力下成長，正是合則相害、分則兩利，「三人行則損一人，一人行則得其友」。友達光電的名稱妙合此理，友達友達，朋友發達，而母體宏碁的命名，本來就是要拉高視野，下全球佈局的大棋盤啊！歲月悠悠，近幾年宏碁又遭遇巨額虧損的逆境，而明碁也多遇挫折，未來如何斟酌損益，重生再造，嚴酷考驗經營者的智慧。

33 未占有孚——革卦

乾卦的卦辭只有四個字：「元亨利貞。」開創、亨通、獲利、固守，由始到終、終而復始，這是自然界運行的法則。孔子在〈文言傳〉中稱此為「四德」，鼓勵人效法自然，以成就事業。六十四卦中，卦辭有「元亨利貞」的共七卦，上經就佔了六個：乾、坤、屯、隨、臨、无妄；下經只有一個革卦，人革天命，另造乾坤，充分顯示人能人智的發揚。所謂三分天意、七分人事，大環境固然重要，人的創造發明、積極主動的能耐，更不可忽視。

革卦（䷰）上卦兌為澤，下卦離為火，澤水下流，離火上燒，成水火對沖之勢；兌為少女，離為中女，又是二女同居、競爭夫寵的格局。睽卦（䷥）兩個女人的戰爭，尚可互不見面，以免尷尬；革卦上下對沖，避無可避，只有全力相抗，以搏勝負。

〈雜卦傳〉稱「革去故」，革命是過去的東西完全不要，一切重新打造，因此必然帶來非常大的破壞，不可輕易嘗試。革卦之後為鼎卦（䷱），〈雜卦傳〉稱「鼎取新」，革、鼎一體相綜，代表在破壞的同時就得準備嶄新的建設。革卦二至上爻，依卦中卦的理論重組，成大過卦（䷛）；鼎卦初至五爻，重組亦成大過卦。「大過」即負荷過重、行將崩潰，唯有膽識過人、智慧超群的英雄人物，才能革故鼎新，建立非常功業。

革命必先喚醒民眾，確立信仰，才有翻天覆地的能量，因此卦、爻辭中多次強調「有孚」。「孚」字源於母鳥育雛，引申為信心、盼望和無所不至的愛心，由血緣相依的親子之情，擴充到國家民族的大愛。

革卦六爻展現革命的歷程：初爻時機未至，不得妄動，以吸收基層群眾、鞏固實力為主；二爻氣候漸成，宣揚革命思想；三爻集思廣益，精練革命理論；四爻採取行動，顛覆統治階層；五爻為君位，以強大的意志力貫徹革命志業；上爻江山底定，社會各界紛紛靠攏輸誠，得以休養生息，安定人心。

五爻為革卦之主，爻辭值得注意：「大人虎變，未占有孚。」大人是《易經》中修行的最高境界，與天地合德，「虎變」形容其生命力之強悍，促成周遭環境的劇烈變化，這種人行事充滿自信，想到做到，行事決策完全毋需占卜。此爻爻變，成豐卦（䷶），表示其眼光銳利，行事果決，必成豐功偉業。其實占卜探測天意，正因心懷疑慮，自信不足，而大人已至天人合一境界，洞明形勢機微，又何必卜？革卦正是展現人能之卦，五爻領袖群倫，更不宜畏首畏尾，讓部眾失去信心。武王伐紂時，據說頗多凶兆，龜卜蓍占皆不吉，不少人信心動搖，勸武王退兵。結果姜太公大發神威，焚龜折蓍，力排眾議出兵，果獲大勝，留下膾炙人口的名言：「枯草朽骨，何足以定大事？」

機不可失，才是定鼎英雄的見識！

清朝康熙皇帝討伐噶爾丹，也有一段公案：大學士李光地占戰役勝負，得出復卦（䷗）上爻動，爻辭凶險已極，天災人禍，行師大敗，國君被俘或被殺，國家元氣大傷，十年都無法再興。結果康熙照樣出兵，還說凶象是指對方，最後贏得大勝。這些事例，給我們什麼啟示？

荀子主張「善《易》者不占」，孔老夫子重視義理修行，也說「不卜而已矣」，皆是大人證道之言。《易經》中闡揚此理者，除革卦五爻外，還有益卦（䷩）第五爻和恒卦（䷟）第三爻：存心良善，不必問占；信道不篤，二三其德，必招羞辱。

34

正位凝命——鼎卦

《易經》取法自然及人事，卦有卦象、爻有爻象，文字亦有文字象，其中最具象且惟妙惟肖的就是鼎卦。「鼎」字即仿鼎器畫出，而鼎卦（䷱）的卦形也完全像個鼎：初爻為陰，像鼎足屹立；二、三、四爻皆為陽，像厚實的鼎腹；五爻中虛，像鼎耳；上爻一槓，像穿耳而過、以便扛鼎而行的鼎鉉。

鼎卦上卦離，為火，下卦巽，為木也為風，有就木煽風點火的烹飪之象。鼎本是烹肉的容器，後作為政權的象徵，上供以祭祀天地神明，再分肉與群臣共用，古代貴族鐘鳴鼎食，天子稱一言九鼎，都是富麗堂皇的執政氣象。

鼎的造型或方或圓，鼎足或三或四，穩重屹立，威震八方。古代大內鬥爭，重視派系均衡，現代國家三權分立，都似鼎足之象。為政講究火候，老子說：「治大國若烹小鮮」，千滾豆腐萬滾魚，操持之妙，存乎一心。

鼎卦之前為革卦（䷰），再之前為井卦（䷯），革命重視人智人能，而井、鼎二物均由人造，非屬自然，三卦相連，寓意深遠。六十四卦中也只有井、鼎兩卦卦名為實物，其他皆為抽象的理念、作用或某種狀態。人鑿井汲水，以供民生日用，有水井處就有人家，市井小民的生計一旦出了問題，就會揭竿而起，發動革命。推翻舊的統治階層後，換由人民當朝執政，就是鼎。因此，「革」是全民革命，「鼎」是推行共和，並非以暴易暴的改朝換代而已。

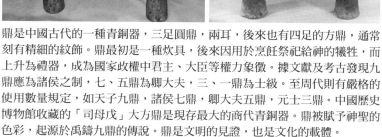

鼎卦六爻展現推行新政的風貌：初爻正本清源，徹底剷除封建餘孽，並開始培養接班團隊，為長期執政作準備；革命不是請客吃飯，不能新舊雜糅，搞成四不像，大事業及身難成，造就未來領袖為第一要義。二爻有民意支持，也有輔政實力，卻因中央大員的四爻擅權爭寵，不得重用，這時切勿亂發牢騷，所交非人，以免斷了後路。

鼎是中國古代的一種青銅器，三足圓鼎，兩耳，後來也有四足的方鼎，通常刻有精細的紋飾。鼎最初是一種炊具，後來因用於烹飪祭祀給神的犧牲，而上升為禮器，成為國家政權中君主、大臣等權力象徵。據文獻及考古發現九鼎應為諸侯之制，七、五鼎為卿大夫，三、一鼎為士級。至周代則有嚴格的使用數量規定，如天子九鼎，諸侯七鼎，卿大夫五鼎，元士三鼎。中國歷史博物館收藏的「司母戊」大方鼎是現存最大的商代青銅器。鼎被賦予神聖的色彩，起源於禹鑄九鼎的傳說。鼎是文明的見證，也是文化的載體。

三爻積極進取，熱切推行新政，卻因而搞壞不少人際關係，弄得窒礙難行，必須改弦更張，學習圓熟處世的手法，才能如願。四爻位高權重，才德不足，極易敗壞朝政，又致民不聊生，新朝新貴，腐化得比誰都快。

五爻為新君之位，不宜偏聽四爻擅權，得廣納二爻之賢才為國服務；上爻代表立國理念，執政者當信守不渝，才能長治久安。五爻以黃耳金鉉為象，上爻以玉鉉為稱，黃金有價玉無價，明示精神價值遠比物質價值還重要。

鼎卦六爻全變，成屯卦（䷂）。屯、鼎兩卦相錯，性質截然對反。屯卦似幼苗初生，理念清新，草莽氣息濃厚，充滿了衝撞體制的力道；鼎卦則錦衣玉食，爭逐權力，應對進退圓熟老練，穩定壓倒一切。屯卦崛起草野，廣結善緣，同志間有共患難的情誼；鼎卦競相卡位，反目成仇，無法共安樂矣！

屯卦在《易經》中排序第三，鼎卦排第五十，相差甚遠，倘若瞬間巨變，屯變成鼎、鼎變為屯，一定產生角色錯置，朝不朝、野不野的情形。從草莽到廟堂，由廟堂歸草莽，真是何其不易！

鼎卦〈大象傳〉稱：「君子以正位凝命。」革故鼎新，不能辜負天命所歸，堅守正確方針施政，以酬答民意，鞏固政權。鼎卦之後為震卦（䷲），為嫡長子繼承王權之義，前人打好基礎，後人發揚光大，以期永續經營。

35

政權保衛戰——震卦

《易經》八卦有多重象徵意義，天、地、雷、風、水、火、山、澤為常見的自然取象，人倫方面則分出四陰四陽：乾為父、坤為母、震為長男、巽為長女、坎為中男、離為中女、艮為少男、兌為少女。依老中青的年齡差別，各自展現出不同的行為特質。

震為長男，老大繼承家業可謂天經地義，古代皇權接替亦以嫡長子為先，故而〈說卦傳〉稱：「帝出乎震。」帝有主宰之義，可引申為一切眾生的內在主宰，儒家說良知、佛家講佛性、禪宗發明自性，皆合此旨。因此見天地之心的復卦、念念皆真的无妄卦、養生大全的頤卦，以及草創新生的屯卦，內卦皆為震。〈說卦傳〉遂稱：「萬物出乎震。」

震卦（䷲）在《易經》中排序第五十一，緊接在革（䷰）、鼎（䷱）之後，擺明了是後代繼承先業，尋求永續經營的地位。曾國藩說過，做大事業者，以培養接班人為第一要義，震卦主旨正在此。

領導人的養成絕非一朝一夕之功，也不擔保中間會不會有變化，所以得儘早進行。鼎卦初爻一方面剷除舊朝餘孽，一方面已在用心培養人才，讓青年才俊在新政推行中見習歷練。初爻爻變，成大有卦，代表大家都有機會，人人皆可成長。新人未必出自嫡系，宜廣搜旁求，刺激良性競爭，才是最穩妥的做法。

清代康熙帝幼沖即位，除鼇拜、平三藩是除舊，可稱膽識過人；但儲君問題卻一直沒有處理好，太子一廢再廢，還造成最後雍正繼位時的殘酷鬥爭，可見接班之難。以曾國藩而言，他所長期培養的學生李鴻章，官是做得不小，應付清末的難局卻仍左支右絀，不能勝任。說得容易，做可太難了！

震卦六爻，呈現出政權轉移時的眾生相：初爻為廣大基層，承受一波波衝擊，人心危疑不安，群眾情緒十分高亢，極可能產生非理性的暴動，治安當局得特別注意。二爻為民間頗具財力的大戶，遭此巨變，為了降低風險和損失，多半遠走他鄉，待情勢穩定後再回來。三爻震動已極，手軟腳軟，仍得打起精神應付，不能再犯錯誤。

四爻為中央執政高層，擔心集體失業，拿不出具體辦法對治危局，甚至使出一些見不得人的鬥爭伎倆，以求保住位子。五爻為君位，來自各方的壓力最大，政權一旦喪失，下場不堪設想，為了捍衛大位，可能不擇手段。二爻擔心損失金錢，五爻怕喪失主權，有了權在手，要錢不是問題。上爻為過氣大老，飽歷驚嚇，精神耗弱不堪，已完全無力再戰，眼見同儕一個個被鬥出局，只求低調自保，即便這樣，仍難免於內部抨擊的炮火。

震卦卦辭中，引用蜥蜴斷尾求生的習性，以描述殘酷政治鬥爭的情景，所謂棄車保帥、犧牲局部以成全整體之事，在所多有。蜥蜴又名變色龍，適應環境變動的能力很強，有人說《易經》的「易」字即由此取義。二〇〇二年三月底，臺北發生規模頗大的地震，其時，我與家人正在木柵河堤上散步，震後不久，連續看到兩隻蜥蜴，神色倉皇驚恐，尾巴都是斷掉的……

地震的能量釋放，由震央往四周呈波狀擴散，方圓數百里之內都會受到影響，這種自然現象給了政治爭鬥中的人很多啟示：聲東擊西、殺雞儆猴、寒蟬效應等等。國家如果內部不安，常常會在外部冒險，以外交或軍事上的行動，刺激內部的團結，轉移民眾注意力。

震卦〈大象傳〉總結得好：「洊雷，震。君子以恐懼修省。」「洊」是一波未平、一波又起，連續不斷之意。政權轉移所引發的動盪，絕不會一次便了，攻防雙方都得戒慎恐懼，全力以赴。

36 借殼上市——巽卦與兌卦

《易經》中有三個卦，涉及現狀的劇烈改變：蠱卦（䷑）改革積弊，打破封閉的威權體制，走向開放；革卦（䷰）推翻舊勢力，換人上台，一切重新打造；巽卦先與現實妥協，進入既有體制內逐步發展壯大，最後獵取大位，主宰一切。改革或革命皆雷厲風行、目標明確，而巽卦的「借殼上市」，深入潛隱，最為難防。

巽（䷸）、兌（䷹）二卦，為八卦之二，相續相綜，義理勾連，為人生基本的兩個面相，值得再三品悟。巽卦取象於風，無形無相，隨時轉向，讓人捉摸不定，風行無孔不入，一旦遭其侵入，即會肆行破壞，故其基本要義為入。巽又象木，且為柔軟彎曲之木，深根入土，彈性十足，很難徹底根除。巽卦又像入鄉問俗，站穩腳跟後，繼續深入發展，必然有所斬獲而衷心喜悅，兌卦的基本要義就是悅。己悅人悅，本身的影響力一大就有可能動員群眾顛覆當地政府，使其面臨分裂解體的威脅。兌卦之後為渙卦（䷺），渙即人心渙散之意。

巽卦之前為旅卦（䷷），失勢失位，漂泊無依，難以進入決策核心；巽卦之後為兌卦，縱情歡悅，想說就說，愛做就做。〈雜卦傳〉稱：「兌見而巽伏也。」由伏而見，可見長期深入臥底有成，已不必避諱心中真正的想法了。

巽卦六爻展現「借殼上市」的過程：初爻徘徊門外良久，終於下定決心打入；二爻低調扎根，下盡鉅細靡遺的工夫，摸熟摸透組織內的全部情況；三爻有些憋不住，想冒出頭，躁進不宜，還是繼續韜晦深藏。四爻進入一個嶄新階段，爬上執政高層，運用資源上下打點，廣結人脈，已有不可忽視的影響力；五爻因機順勢，終於成功登上大位，跌破了眾人眼鏡，這時當可一展鴻圖，徹底改造既有的體制，旁人亦無可奈何。巽卦至五爻掌權後，若能適可而止，逆取順守，則功德圓滿，就怕得意忘形玩過頭，繼續操弄心術，變成上爻的慘境：「喪其資斧。」

「資」是資金、資源，「斧」是防身利器，執政者有錢有權，還有隨扈以保障安全，然而一旦離位失勢，冤仇上門，其下場不堪想像。「竊人者，人恒竊之」，也是因果循環的業報常理啊！

〈繫辭傳〉稱作《易》者有憂患意識，並列舉出九個卦作為憂患亂世修德的標準，履卦敦篤實踐居首，巽卦深隱佈局為最後一卦。亂世風險無限，胸懷大志者確須深謀遠慮，低調行事，人生競逐成敗，或攻或防，不可輕忽巽卦的策略與智慧。

37

改革開放——蠱卦和臨卦

近三十多年來，世局變化的主軸就是改革開放，冷戰時期的專權體制，一一轉型或解體，民主政治及市場經濟似乎成了新時代的寵兒，不斷被頌揚強調。半個多世紀以前，西方哲學家波普爾（Karl Popper）的名著《開放社會及其敵人》，所揭櫫的理念是否已充分實現，從此人類得享自由幸福？

《易經》中排序第十八、十九的蠱（䷑）、臨（䷒）二卦，正合改革開放之義。「蠱」字皿中有蟲，毒害流行，又用蓋子密封，空氣無法流通，受害者沒逃生之路。蠱卦外卦艮為止，密閉不通，內卦巽為風，在有限空間內流竄，時日一久，空氣品質勢必惡化。《黃帝內經》上說：「風為百病之長。」無論養生或治國，都得打開與外界交流的通路，才能對症下藥，恢復生機。

蠱卦之前為隨卦（䷐），隨時變化，之後為臨卦，自由開放。隨、臨二卦卦辭皆有「元亨利貞」，四德俱全，與象徵天道的乾卦同級，顯示人性嚮往自由為天經地義，而宇宙間一切事物無時無刻不在變化，切不可拘執守舊。

蠱卦卦辭中雖有「元亨利」，卻獨欠「貞」字。貞是固守正道辦事，蠱卦無貞，顯示在蠱亂之時，不正之風瀰漫，必須大刀闊斧改革，以撥亂反正。改革成功，進入開放社會的臨卦，組織又恢復了生機。再者，蠱卦不言貞，也提醒有志改革之士，向舊勢力開刀不宜硬碰硬，須有處理的彈性，否則徒然犧牲，大事難成。

改革之難，超過革命，因為不能用武力奪權，一切得循和平的機制解決，而保守派坐擁既得利益，勢必全力反撲。以政治改革而言，清末戊戌變法、北宋王安石變法、西漢王莽變法全都失敗，不是沒有堅持理念，而是執行上缺乏智慧。中國古代歷史上唯一改革成功的例子，只有先秦商鞅變法，確實讓秦國富強，進而統一天下，但改革者本身卻慘遭車裂。

以今世論，教育、司法，以及所謂的心靈改革，是愈改愈好，還是愈改愈亂？

蠱卦六爻間的互動關係，告訴我們改革時會遭遇的狀況，以及處理的智慧：初爻代表廣大基層，在改革之初就得有正確的認識，改革並非全然否定過去，而是因應時代變化，有批判、有繼承，這也是和革命徹底摧毀過去不同之處。上爻揭示全民改革的最高理念，國家興亡，人人有責，改革絕非政客專利，不可淪為權力鬥爭的藉口。

三爻充滿改革熱情，悍然挑戰積弊，由於行事過剛，會遭遇挫折，但無大礙；四爻為中央官僚階層，本身就是既得利益的代表，以改革為名，行鬥爭之實，文過飾非，無所不至。

五爻處君位，為組織存亡計，下令改革，須舉用才德俱佳之士負責執行，以杜絕可能的弊端。

老帥不親自披掛上陣，留有支援斡旋的餘地，萬一阻力太大，還可棄車保帥，撤換主事者以保全大局。

二爻即負有民間清望的改革派領袖，見危受命，推動改革，剛開始很順利，慢慢發現不對了，所有弊端指向一共同的源頭，就是五爻老闆本身，打蒼蠅不如打老虎，問題是老虎能打嗎？改革不同於革命，二爻改革的權力還是五爻授予的呢！為了自保及替大局設想，也只能睜一眼、閉一眼，靜待形勢變了再說，像過去有很多弊案之所以不了了之，辦不下去，實在是因為辦不上去啊！

改革若能成功，進入開放自由的臨卦，是不是就可永保無虞呢？卻又不然，臨卦卦辭又稱「至于八月有凶」，表示形勢仍有逆轉的可能。全民素質若未提升，自由易生亂象，或受野心家的操弄，而變成了民粹。改革開放誠有其利，弊亦伏焉，潘朵拉的盒子一開，會放出什麼古靈精怪作祟人間，可還難講得很。

法國大革命時，不是有句名言：「自由！自由！多少罪孽假汝之名以行！」

38 割喉競爭——噬嗑卦

《易經》中排序第二十一的噬嗑卦（䷔），卦形初、四、上爻為陽，二、三、五爻為陰，像頤卦的一張大口，中間有物阻塞食道，所謂如鯁在喉，難受已極。「噬」即擇物而咬，「嗑」即合，吃還必須吃得乾淨，不留骨頭。被咬的不會束手待斃，必然全力反噬，至死方休，這就構成了一個弱肉強食、適者生存的叢林世界。官場、商場無日無時的殘酷鬥爭，你死我活，誓不兩立，正是噬嗑之象。

噬嗑卦之後為賁卦（䷕），「賁」是文飾、包裝、官樣文章之意。噬嗑、賁二卦一體相綜，明明是赤裸裸的權力鬥爭，又怕吃相難看，於是講些空洞的漂亮話以掩飾。「噬嗑」是硬吃，「賁」是軟騙，世間所有鬥爭總是軟硬兼施，以求獲取最高效益。

噬嗑、賁二卦之後為剝卦（䷖），代表根基喪盡，岌岌可危，社會一旦淪落到天天鬥、天天騙的地步，就離滅亡不遠了。噬嗑卦之前為臨（䷒）、觀（䷓）二卦，開放社會思想自由，人人可以有自己的觀念信仰，本來無礙，然而歷史的發展往往很弔詭，自由被濫用、民主變民粹之事，在所多有。由於觀念的極端不同，彼此形成對立，甚至激化為不擇手段的政治鬥爭。

噬嗑卦辭稱：「利用獄。」〈大象傳〉亦云：「明罰飭法。」政治鬥爭常常借用司法手段，以打擊政敵，或修改立法以限制其發展。嚴格來說，這當然破壞了現代國家三權分立的制衡，但幾乎很難避免。

噬嗑卦六爻以肉食、服刑為喻，生動地展示了鬥爭的種種情狀：初爻為鬥爭之始，經驗不足而落敗，行動受制，好像被戴上腳鐐一樣，若不調整，將難以立足；上爻為鬥爭之終，雙方殺紅了眼，頸項像套上了沉重枷鎖，罪業深重，聽不進任何人勸諫，至死方休。初爻爻變，成晉卦（䷢），晉為日出之象，〈大象傳〉稱「自昭明德」，代表明心見性，擺脫惡鬥的習氣，以免墮落沉淪。上爻爻變，成震卦（䷲），震為政權攻防，引發強烈動盪，惡鬥至此，已無回頭之路。

二爻以吃蹄膀為象，肉多肥軟，大口咬下去毫無阻礙，連鼻子都陷在肉裡，看了很滑稽。鬥爭時太緊張，全力對付實力並不強的對手，給人欺善怕惡、以大欺小的不良觀感。二爻爻變，成睽卦（䷥），顯示主要還是猜忌心重，怕受迫害的不安全感作祟。

三爻吃臘肉，長期燻製、肉質堅硬，咬下去並不舒服，可能消化不良，有如鬥爭時遇到難纏的老手，遭一定程度的抵抗和反彈，就算贏也有些辛苦。

四爻位置正是喉頭那根刺，遇上最強的對手，死纏爛打，得咬牙堅挺到最後才可能獲勝。這回咬的是全無水分的乾肉，肉中還含著咬不斷的大骨頭，一不小心就會崩了牙。爻辭中提到「得金矢」，「金」指金錢，「矢」為殺人獵獸的利箭，四爻居中央執政高層，掌握預算分配及生殺黜陟的大權，鬥爭時威脅利誘，無所不至。〈小象傳〉稱：「未光也。」表示就算贏，也贏得不光彩，枱面下不知道有多少見不得人的事，所謂權與錢的骯髒交易，自古政爭皆不能免。四爻爻變，成頤卦（䷚），剷除政敵，食道暢通，從此從容養生矣！

五爻居君位，爻辭中提「得黃金」，「黃」為中色，最高領導人以尊貴地位及雄厚的財力進行鬥爭，雖有執政優勢，仍不見得必勝，由於動見觀瞻，也不能做得太過分。本爻以吃乾肉為象，壓力不似四爻肉中帶骨那麼大，只站在第二線督戰。五爻爻變成无妄卦（䷘），表示老帥不宜輕舉妄動，親自披掛上陣，萬一有所閃失，即無補救餘地。

噬嗑卦初、二、上三爻，爻辭中均有「滅」字，分別為「滅趾」、「滅鼻」、「滅耳」，肉食鬥爭嚴重傷害人的正常官能，眼、耳、鼻、舌、身、意六識皆受污染。與噬嗑卦一體相綜的賁卦，文勝於質，色相誘人耳目、移人心志，在《老子》一書中亦有強烈批判：「五色令人目盲，五音令人耳聾，五味令人口爽，馳騁田獵令人心發狂。」

噬嗑言「滅」，後繼的剝卦初爻〈小象傳〉亦言「滅下」，大過卦〈大象傳〉稱「滅木」、上爻「滅頂」，天地間所呈現的凜凜殺機，真令人驚悚戒懼。

然而，噬嗑、賁二卦似為人生所必有。成人世界中，大家都戴個假面具，逢人只說三分話，未可全拋一片心，無論親疏遠近，大家都習於算計，明爭暗鬥。所謂江湖路險，知人知面不知心，基於保護自己的立場，不這樣好像也不行。法家怪傑韓非子說：「父子之間，猶以計算之心相待。」話雖說得過火，也不是全無道理。

十幾年前，坊間流行好些以曾國藩為題材的書，冠之以經的名稱，如《內經》、《挺經》、《面經》、《霸經》等。《挺經》即噬嗑，苦戰堅忍卓絕者勝；《面經》即賁，見不同人現不同相，永遠不露真相，高深莫測。問題是：假面具戴久了，還拿得下來嗎？耽溺於惡鬥的政客們，相由心轉，個個猙獰可怖，早已不復出道當年的清新形象了！

39

三權分立——賁卦、豐卦與旅卦

《易經》排序第二十二的賁卦（䷕），除了文飾、包裝、官樣文章之外，還有相當正面的意義。賁卦〈彖傳〉稱：「文明以止，人文也。觀乎天文以察時變，觀乎人文以化成天下。」賁卦內卦離為文明、外卦艮為止，文明的發展不能漫無節制，需適可而止，才合乎人文思想。例如，科技文明的發展已能造出殺傷力巨大的核武器、克隆生命（clone）等，卻不宜無限制地往下探研。發揚人文精神，並普及於全民的生活之中，即為文化。

英文「civilization」一般譯為文明，為都會精英所創造的智識體系；「culture」譯為文化，可普及於種地農民的生活方式。由文明而文化，需經過深入淺出的闡揚及漫長的潛移默化的歷程。

離卦（䷝）為文明之象，〈彖傳〉亦稱：「重明以麗乎正，乃化成天下。」文明發展須依循正道，才能深入普及民間而形成文化，代代相傳光照天下，故而〈大象傳〉稱：「明兩作，離。大人以繼明照於四方。」恒卦（䷟）傳承永久，亙古如新，〈彖傳〉稱：「聖人久於其道，而天下化成。」

《易經》中排序第五十五的豐卦（䷶），內離為文明，外震為強勢主動，資源豐富的大國除了富國強兵外，還得有深厚的文化底蘊，軟實力與硬實力兼備且均衡發展，才能長治久安。若窮兵黷武爭霸稱強，沒有智慧，不講禮義，必不能久，卦序後接旅卦（䷷），失時失勢失位，即為明證。〈序卦傳〉稱：「豐者大也，窮大者必失其居，故受之以旅，旅而無所容。」說明豐滿招損之理，足資世人警惕。

旅卦內卦艮為止，外卦離為文明，人生逆旅，百代過客，榮華富貴都將逝去，唯一留存的仍是對後世文明發展可能的貢獻。旅卦六爻充分顯示此理：初爻「旅瑣瑣」，人生花多少時間為細務計較奔忙？二爻「旅即次，懷其資，得童僕，貞」；三爻「旅焚其次，喪其童僕」，既得復失。四爻「旅於處，得其資斧，我心不快」，就算有了地位資財，內心仍不痛快；上爻「旅人先笑後號咷，喪牛于易，凶」，最後還可能徒然悲泣一場空。以上五個爻的爻辭都有「旅」字的卦名，唯有居君位第五爻沒有「旅」字，其爻辭稱：「射雉，一矢亡，終以譽命。」雉鳥象徵文明成就，一箭射中，獲得至高榮譽，永傳不朽，徹底擺脫了空過一場的逆旅情境。

現代西方國家的組織原理以三權分立為主，立法、行政、司法三種公權力互相制衡，以免任一權獨大而造成濫權獨裁，就像鼎的三足一般，成熟穩重，為民造福。十八世紀法國思想家孟德斯鳩所著《法意》（*The Spirit of the Law*）一書，闡發其中奧義，影響後世甚大。

其實，中國很早即提出政法平衡的類似主張，《尚書》為古代政治思想的重要經典，在〈立政〉、〈君陳〉二篇中，均再三強調執政者應委託專才審理獄案，本身絕不可干涉其審判。這種尊重司法獨立的精神，相當難能可貴。

《易經》論及政法關係的，有訟、噬嗑、賁、解、豐、旅、中孚等卦，其中心思想主要表現在〈大象傳〉。訟卦（䷅）稱「作事謀始」，人性好爭，利益衝突時必生是非，所以得及早規範彼此的權利義務關係；解卦（䷧）稱「赦過宥罪」，冤家宜解不宜結，大事化小，小事化無；中孚卦（䷼）稱「議獄緩死」，國法不外人情，特殊案例不宜急於定罪。

賁卦（䷕）稱「明庶政，無敢折獄」。「庶」即眾，「明庶政」即做好諸般行政事務，使政治清明；「折獄」即司法審判，依法斷人有罪無罪。賁卦的主旨為官場歷練、官樣文章，可定位為行政權的象徵。「無敢折獄」，表示行政權嚴守分寸，尊重司法獨立，絕對不可介入干擾。

豐卦稱「折獄致刑」，根據判決量刑，顯然象徵司法審判權。旅卦稱「明慎用刑，而不留獄」，似乎又指涉司法權與行政權的互動，該怎麼判，就怎麼判，勿因政治考量而拖延不辦。「留獄」二字耐人尋味，許多政界高層的貪瀆案，往往不了了之，或積壓經年，其實辦不下去正因辦不上去。司法權的核心就是審判，仍得依賴行政權的支援，上游的檢調系統、下游的發交獄所執行，都隸屬於行政權，因此，行政系統是否嚴守中立，就非常重要。豐、旅二卦一體相綜，而若將旅卦的上、下卦對調，「火山旅」即成「山火賁」，可見司法權與行政權關係密切，互動十分微妙。

賁卦和噬嗑卦（䷔）相綜，噬嗑卦〈大象傳〉稱「明罰敕法」，制定罰則，以申明法律的尊嚴，故而為立法權的象徵。噬嗑卦以第四爻為主，〈小象傳〉中特別強調由其執行獄政，而非居於君位的五爻，現代國家立法權由中央民意機關行使，以監督行政權，正合此義。噬嗑、賁二卦一體相綜，立法、行政正如鳥之雙翼、車之雙輪，分立、制衡之象明確無比。

噬嗑卦的上、下卦對調，「火雷噬嗑」即成「雷火豐」，顯示立法權與司法權的互動關係亦極密切。豐、旅、賁三卦〈大象傳〉只稱「君子」，噬嗑卦獨稱「先王」，先王之德位大於君子，故三權之中似乎又以立法權至高無上，依法行政、依法審判。

「噬嗑」有割喉競爭之象，充滿了權與錢的利益交換，肉食者鄙，不立法規範不行；「賁」為官場生涯，六爻中多處警示勿以權謀利、自毀清白；豐卦如日中天，享執政優勢，六爻中卻甚多不可告人的黑暗之事；旅卦以外來勢力遭當地排擠，亦以得權與錢為憂。看來位高權重，真是一切罪惡的淵藪，《易經》中以此四卦演示政法制衡之義，堪稱允當。

40 天地人鬼神——觀卦與豫卦

《易經》中一卦六爻，初、二爻為地位，三、四爻居人位，五、上爻為天位，所有立論均依循天、地、人三才互動而生，至於鬼神，似乎未留定位，敬而遠之。孔子主張「未能事人，焉能事鬼」，是否限制了〈易傳〉往這方面去探討呢？

其實不然，〈說卦傳〉、〈文言傳〉、〈象傳〉、〈繫辭傳〉皆言及鬼神，且有相當的認定和發揮。天、地、人皆有形，鬼神無形，難以捉摸，但仍會對世間禍福產生一定程度的影響。人立足於天地之間，除需重視天時、地利、人和的綜合運用外，對一些離奇莫測的現象，亦不妨虛懷體究。

《易經》中最高的修行德位為大人。乾卦〈文言傳〉稱大人與天地合德、日月合明、四時合序、鬼神合吉凶；離卦〈大象傳〉稱「大人以繼明照於四方」。乾為天道，離為文明，人依天賦的心智能力創造，可至永垂不朽的高明境界。

觀卦（䷓）的宗教意味甚濃，外觀宇宙萬象，內觀自性心源，〈彖傳〉中出現「神道」二字，且有絕對精確、全無差錯的描述。觀卦三爻、五爻爻辭皆稱「觀我生」，生活經驗、生命真諦、一切眾生，由小我而大我，皆在用心觀照的範圍內。佛教最有名的菩薩稱觀世音、觀自在，行深般若波羅蜜多時，照見五蘊皆空，度一切苦厄，意旨與觀卦相通。

「豫」字拆字成予、象二字，檢討我跟宇宙萬象的關係。「豫」有豫（預）測、豫（預）備、豫（娛）樂之義，凡事若能豫測準確、豫備充分，自然可得豫樂，怡然於萬象之中，其樂融融。豫卦（䷏）〈大象傳〉提到祭祀上帝，〈彖傳〉中也說天地、日月、四時的依序變化，絕對精確、全無差錯。豫卦的「我」和觀卦「觀我生」的「我」，其義應相通。

豫卦之前為謙卦（䷎），豫、謙一體相綜，「謙」字拆成言、兼，立言兼及各方，不囿於一己立場，正是謙虛、謙卑精神的展現。人須對什麼力量謙卑呢？〈彖傳〉引出了天道、地道、人道及鬼神的觀念，認定人只要肯謙和處世、服務人群，必蒙各方福佑而得善終。謙卦卦吉，六爻亦全吉，為六十四卦中福報最深者，《尚書》所謂「滿招損，謙受益」，看來所言不虛。

豐卦（䷶）就是如此。豐卦資源雄厚，事業如日中天，〈彖傳〉中卻提出嚴重警告，小心好景不長。日頭過中即逐漸西斜，月亮盛滿之後轉為虧缺，天地盈虛，都是隨時變化，人和鬼神也不例外。居豐之時，人往往志得意滿，染上權力的傲慢，看不清楚事情的真相，因而造成組織內部許多複雜幽暗的問題，久而久之，就有分崩離析、一夕瓦解的可能。豐卦之後為旅卦（䷷），失時、失勢、失位，羈旅漂泊，真如喪家之犬矣！

豐卦最後一爻呈現如下情景：高大的屋宇屹立於夜空中，重重圍牆將群眾隔絕於外，往裡窺視，什麼人影也看不見，靜悄悄像一座死城，詭異、奇幻而凶險。豐極轉旅，不祥之兆已現，讓人想起那段老話：「眼看他起高樓，眼看他宴賓客，眼看他樓塌了。」漢朝揚雄曾作《太玄》一書，仿《易經》體例，建立一套九九八十一的象徵體系，其中有相當於豐卦上爻的情境描寫：「炎炎者滅，隆隆者絕，高明之家，鬼瞰其室。」表面上看起來氣勢薰天，其實已至滅絕邊緣，豪門大戶被森森鬼影鎖定，在劫難逃矣！

如此看來，豐卦之所以守不住大好江山，在於鬼迷心竅，自絕人群，專擅跋扈，導致天地不容、人神共棄。天作孽，猶可違；自作孽，不可活啊！

41

群眾運動——萃卦、豫卦與謙卦

《易經》中的萃卦（䷬），上卦兌為澤、下卦坤為地，澤水高過地面，有氾濫決堤之虞，正合群眾運動之象。依卦序推演，萃卦之前為夬（䷪）、姤（䷫）二卦，「夬」為剛柔大對決，長期累積的能量待宣洩，姤卦五陽下一陰生，基層產生浮動的危機，群眾匯流聚攏便成「萃」。旁邊人怕生事，築堤防範，若不善疏導，反致水位愈高，故而萃卦之後為升卦（䷭）。群眾情緒一旦被激升溫，後果就不堪設想。

萃卦六爻爻辭有哭、有笑、有憂心、有歎氣、有悔恨、有留戀，充滿了情緒用語，極易爆發衝突，故六爻皆稱「无咎」，希望都能平安無事。〈彖傳〉解釋卦辭，分析萃卦的結構及特質，認定人在萃聚之時最能顯露感情，下卦坤為群眾，上卦兌為口、為說、為悅，心有所感，自然在群眾助威下宣洩而出。〈大象傳〉據此提醒治安當局，應做好鎮暴的準備，以免發生意外。

人群萃聚，形成對抗，源於有兩個領導中心，萃卦四、五兩爻為陽，其他各爻為陰，就顯示這樣的形勢。五爻居君位，誠信卻不足以服眾，招致居高位的四爻聚眾抗爭，互不相讓。領導人若不深自反省，改善與群眾互動的關係，即可能不斷內耗，兩敗俱傷。五爻爻變，成豫卦（䷏），豫有群情激憤的備戰之象，換句話說，在上位者不能服眾，正是激發民變的最大原因。

豫卦（䷏）也是理解群眾運動很深刻的一個模型，群眾需要有人出來領導抗爭，而唯一陽爻的第四爻，就是扮演這種登高一呼的角色。豫卦下卦坤為民眾，上卦震為積極主動，四爻正是震的主爻，有極強的號召力和感染力，能體察民眾內心深處的渴望，提出共同的願景及推進的方法，讓大家如癡如狂地誓死追隨。歷史上許多叱吒風雲、主導時代風騷的人物都是如此。

然而，這種強烈的領袖魅力帶給人們的，未必是平安與幸福，所謂一將功成萬骨枯，許多生靈會為此付出慘重的代價。豫卦的五個陰爻中，只要和四爻關係密切的，下場都很慘：初爻代表無知無識的基層大眾，受四爻煽動，鼓噪不已，成了馬前卒和炮灰。三爻瞪大眼睛揣摩上意，馬屁常常拍在馬腿上，難獲四爻歡心。五爻忝為君位，被四爻強悍架空，帶病延年，生不如死。上爻沉迷在動員的激情裡，難以自拔，再不清醒過來，眼看就得出事。只有二爻耿介自守，不隨著四爻的魔音起舞，將來收拾殘局，就靠這股中道的力量了。

豫卦充滿激情，個人英雄主義的色彩太濃，這可從「豫」字由予、象二字組成看出，四爻為全局中心，其他萬事萬象皆繞他旋轉，都是可供他驅使操弄的工具，必要時也可為他犧牲。英文版《易經》將豫譯為enthusiasm，狂熱到歇斯底里地步，可謂相當精確。問題是，領袖畢竟不是神，他也有許多人性上致命的弱點，對未來的預見可能錯誤，一旦願景成空，群眾頓失所依，其失落感也非常可怕。〈雜卦傳〉稱：「豫怠也。」激情過後，荒怠不振，再也鼓舞不起昔日的熱忱了。

比較起來，和豫卦相綜的謙卦（䷎），其行事風格完全不同。「謙」字為言、兼二字構成，所有主張皆兼顧各方的尊嚴和利益，懂得設身處地，為別人著想。〈雜卦傳〉稱：「謙輕。」民為貴，君為輕，領導人將自己的名位看淡，虛懷若谷，相容並蓄，不但沒有豫卦的殺伐激情，反而呈現出一派和平風光。豫卦上震下坤，領袖動之於上；謙卦上坤下艮，三爻為唯一有實力的陽爻，卻止之於下，默默為民服務。前些年有本暢銷的企管書《從A到A^+》（*Good to Great*），裡面提出企業明星式的英雄領導，只是第四級領導，而且旋起旋落，容易給組織帶來傷害；真正長治久安，還需最高的第五級領導。豫卦第四爻正是第四級領導，有傳奇性，而謙卦第三爻就是第五級領導，是沒有傳奇的傳奇。豫卦的團隊有戰力，卻會耽於逸樂；謙卦的團隊柔韌堅持，重視專業服務，常是最後的勝利者。

然而，群眾運動中的感情因素仍不容小覷，群情憤慨之時，難以理喻，只可以情動之，《易經》中最感情用事的卦為兌卦（䷹），口說心悅，毫不矯情掩飾，兌卦〈彖傳〉即稱：「悅以先民，民忘其勞；悅以犯難，民忘其死。悅之大，民勸矣哉！」人之常情都是貪生怕死、好逸惡勞，而今只要讓民心大悅，居然可以令其冒險犯難，忘勞忘死，還相互勸勉，勇往直前，其效力之大，很值得人省思。所謂順天應人，與革卦〈彖傳〉同調，革卦（䷰）上卦亦為兌，民氣可用，就能產生驚天動地的革命行動。

42

理財正辭——益卦

《易經》乾卦卦辭：「元亨利貞。」第一卦第三個字就言利，坦然面對人生中種種謀利的活動，並予以正面的肯定。〈文言傳〉稱：「利者，義之和。」謀利未必不義，正當的謀利反而可促進公義，增進社會和諧。這和傳統儒者所謂的義利之辨，動輒將義和利截然兩分，顯然健康得多。孟子見梁惠王，不遠千里而去，惠王見面第一句話就問何以利吾國，真讓人印象深刻。孟子接話可不高明：「王何必曰利，亦有仁義而已矣。」往下的辨證亦不中肯，這樣急於表態，難得一遇的面談當然失敗。

「利」字從刀從禾，本為秋收之義。春耕、夏耘、秋收、冬藏，呼應「元亨利貞」的天時運行，再自然不過。一切生產事業均為謀利，完全不必避諱。其實，〈繫辭下傳〉首章闡明仁義和利的關係就非常好：「天地之大德曰生，聖人之大寶曰位。何以守位？曰仁。何以聚人？曰財。理財正辭，禁民為非，曰義。」

天地造化，生養萬物，聖人效法自然，亦宜取得大寶之位，以安養萬民。在位若時間過短，不易產生績效，所以取位後還有守位的問題，這就需要仁德。仁為二人配偶之義，人際互動和諧感通，核仁為果實中生生不息的種子，皆有創新生發之意。領袖必須展現創意，並贏得眾人認同，促進組織和諧。

人才薈萃，除了核心理念相近外，待遇優厚也非常重要，組織事務推展非錢莫辦，俗話說，金錢不是萬能，沒錢可萬萬不能。財帛動人心，不好好管理將使弊端叢生，為了保障公義，必須重視理財，所有收支皆正當，經得起最嚴格的監督檢驗。

萃卦（䷬）即人才會聚，精英來自四面八方，能否通力合作，組成嶄新的夢幻團隊，實為不易。萃卦卦辭強調「王」和「廟」，「王」即足以服眾的領袖，「廟」象徵大家共同的理念，各方好漢在廟前聚義，少不了敬拜天地，大肆殺牛宰羊熱鬧一番，這些開銷都不能省。「萃」是典型的靈肉合一之卦，精神與物資並重，若一切配置得當，便能發揮強大的戰力。

萃卦（䷬）之前為姤卦（䷫），可能有從天而降、稍縱即逝的商機，若能迅速集資、聚人，以分攤風險、共用利益，便能進入萃卦的下一卦升卦（䷭），組織開始高速成長。

一流人才須給一流待遇，愛才如命就得揮金如土，萃卦如此，改朝換代的鼎卦（䷱）亦復如是。鼎中烹肉，既是掌權貴族的食器，也是祭天的禮器，宰輔調和鼎鼐，分肉必得均平，酬庸革命元勳，出手亦得大方，江山才坐得穩。

泰卦（䷊）為期國泰民安，首重基本建設，以創造經濟榮景，〈大象傳〉稱「財成天地之道」，顯然國家財政的運用攸關成敗，如有必要，舉債都得建設。泰極否來，景氣一旦下滑，就得力行儉約，以渡過難關，否卦（䷋）〈大象傳〉遂稱「儉德避難」。

泰、否代表大環境的情勢變化，屬闡述天道的上經第十一、十二卦；損（䷨）、益（䷩）講的是人為的順應調整，也居下經第十一、十二卦，正好天人相應。先損後益、損極轉益，其間有更深刻精準的理財規劃。損卦強調節制欲望，非必要開銷一切從儉，組織設計亦以精簡為上；益卦減稅以刺激生產，卦辭稱「利有攸往，利涉大川」，冒險犯難方得以擴大收益。

謀益不能過頭，益極轉夬卦（䷪），必造成人際的攤牌對決。益卦上爻爻辭云：「莫益之，或擊之。立心勿恒，凶。」表示不但獲益不再，還會招致打擊。人心難測，人情自私，利益之交總是難以長久。〈小象傳〉解釋「莫益之」為偏辭，偏即偏私不正，和理財正辭的原則相違；偏即不全，只從個人利益出發，未設想到雙方利益的均衡。

43

高成長的神話——升卦

自中國改革開放以來，經濟快速增長，總產值已翻了好幾番，締造了舉世矚目的奇蹟。但經濟過熱也會有泡沫化的危機，隔段時間又得祭出宏觀調控的法寶，希望軟著陸而不受傷。二戰以後，日本及亞洲四小龍的經濟發展也都經過一段高成長時期，但近廿年紛紛下降，甚至還出現衰退的負增長，復甦不易。近二十年前網路公司大量興起，股價狂飆，曾幾何時卻又紛紛倒閉，美景不再。二〇〇八年九月爆發的金融風暴為害更烈，困擾至今仍未解脫。這些現象，均可以用《易經》中的升卦（䷭）來充分說明。

升卦和泰卦（䷊）的不同只在初爻，升卦為虛柔的陰爻，泰卦為剛實的陽爻。初爻象徵基本面，泰卦基本建設扎實，故繁榮興旺；升卦基本建設不足，取巧借力使力以營造榮景，一旦後力不繼，泡沫破碎，一切轉眼成空。泰卦之前為履卦（䷉），腳踏實地做事，成功不是偶然；升卦之前為姤（䷫）、萃（䷬）二卦，為了掌握稍縱即逝的新機會，聚集各方資源，倉卒成軍，而團隊默契不足，很可能會出問題，成長亦有其極限。盲目追求高速發展會耗盡積蓄的能源，升卦之後為困卦

（䷮），可說其來有自。

升卦亦可視為由蠱卦（䷑）上爻爻變而成。蠱卦外卦艮，艮為山，一座大山隔斷了資源的流通，為典型的封閉威權體制。上爻爻變，阻礙去除，改革開放之後，必然造成高成長現象。

升卦初爻雖虛，卻是全卦的生長點，卦辭稱：「允升，大吉。」只要環境允許，大家認定有發展的希望，就會風起雲湧，往上飆升，人才會聚、資金募集都不成問題。初爻爻變成泰卦，也能創造貌似繁榮的景象。

二爻繼續擴張信用，不須投入多少資源，就能使績效上升；三爻很有意思，爻辭稱「升虛邑」，進入一座空城，名為城主，並不實惠。空城還好，甚至可能根本沒有這座城存在，其實是海市蜃樓、鏡花水月，永無實現的可能。人生很多虛妄的追求，泡沫政治、泡沫經濟、顛倒夢想，就是虛邑啊！

四爻起進入上卦坤，順勢發展，終至五爻君位的成長高峰，這時就該適可而止，補實基本面，以鞏固既有的成就。要是不這麼做，仍冥頑不靈地強求成長，就會引爆泡沫，一切功業轉眼成空。上爻爻辭稱「冥升」，往下進入困卦初爻所稱的「幽谷」，從夢幻天堂淪落到幽冥地獄矣！

升卦六爻全變，為无妄卦（䷘），兩卦性質徹底相反。无妄卦真實不虛，升卦虛幻不實，「一切有為法，如夢幻泡影，如露亦如電，應作如是觀」。

44 功虧一簣——井卦

二〇〇三年美國出兵伊拉克，號稱正義之戰，實為覬覦中東油源；全球能源危機的問題，早在三四十年前已經浮現，當時悲觀的論調甚至預測本世紀初石油將用罄。無論如何，再拖也很難拖過本世紀中葉，屆時若開發不出足以替代的新能源，文明的發展勢必受到影響，也可能引發大規模的戰爭。

《易經》中的升卦（䷭），象徵高倍數的成長，升卦之後為困卦（䷮），顯然成長必有其極限。困卦上卦兌為澤、下卦坎為水，正是澤中無水、資源耗竭之象。地表無水，須鑽探開發地下水以供給需求，困卦後為井卦（䷯），井上卦坎水、下卦巽，為深入挖掘之象。

地下水庫蘊藏豐富，若能接通泉脈，穩定量產，則取之不盡、用之不竭，不但紓解水荒之困，還可重寫遊戲規則，創造一個美麗新世界，井卦之後為革卦（䷰），徹底扭轉形勢矣！

以能源危機而論，井卦所象徵的新能源研發是指什麼呢？太陽能、核融合或海水發電似乎皆有可能，也或許還有匪夷所思的新方式，我們且拭目以待吧！

開發一口井，風險相當高：首先井址的探勘就不容易，如何判斷何處可能有潛藏的資源？一旦開挖，未及泉脈而止，等於前功盡棄；挖到泉脈，還得汲取上升，成為穩定的湧泉，才算克竟全功。人類文明史上許多新技術的開發，免不了還有市場競爭的因素，推出慢了，讓對手著了先鞭，也是徒勞。

井卦六爻由下而上，深刻體現了這種研發過程的艱辛：初爻爻辭稱「井泥不食」，井底為淤泥阻塞，完全失去功能，不但人不來打水，連鳥獸都嫌髒而不肯光顧，若不設法改進，就只有報廢一途。

二爻略有改善疏通，井底貯存一汪淺水，可見小魚游動，但井壁瓦管破舊不堪，經常漏水。井中有魚，表示水質無毒，井旁居民往往以此測試，這在澎湖有名的四眼井，以及安徽宏村的民宅皆可看到。

三爻爻辭號稱「井渫不食」，淤泥已徹底浚渫清除，水質良好，卻仍無人飲用，可謂暴殄天物，過路人見了都連呼可惜。這時須努力爭取明智而有實力者的支持，繼續吸引開發，以裨益眾生。當然，投資贊助者也可獲得相當的回報，可謂互利兩便，皆大歡喜。

四爻進入量產前最緊要的關頭，所謂行百里路半九十，整修井壁，做好出水前的各項準備，容不得一絲疏忽。四爻爻變，成大過卦（䷛）；井卦初至三爻為巽（☴）、二至四爻為兌（☱），重組也是澤風大過卦。四爻正相當於井卦中所含大過卦的最上爻，其爻辭為「過涉滅頂，凶」。結合爻變和卦中卦的概念，可見井卦的四爻凶險已極，偶一不慎，即前功盡棄，崩毀滅亡。

五爻為井卦君位，爻辭稱「井冽寒泉食」，表示歷經長期地辛苦開發之後，終於成功量產，井水清涼甜美，用過人人稱讚。照講井卦至此已大功告成，然而上爻還另有文章。

上爻為井卦之終，汲水已畢，爻辭提醒管理者別將井口蓋上，以方便後至者汲飲，如能隨時給人所需，必可建立卓越的聲譽，這才是超一流的服務精神，才真正功德圓滿。現代企業講究客戶服務，賣場二十四小時對外開放、終年無休或自動提款機等措施，正為顯例。

45

成敗之際——既濟卦與未濟卦

《易經》最後兩卦為既濟（䷾）、未濟（䷿）。「濟」是渡河，「既濟」是已經過河成功，安渡彼岸；「未濟」正相反，可能知難而退，可能中途滅頂，總之，以失敗告終。河水波濤洶湧，象徵人生種種險難和憂悲煩惱，渡彼岸正如同佛教所言波羅蜜，須靠大智慧及真勇氣，人生攸關成敗的終極解脫，亦繫於此。

既濟卦外卦坎為險、內卦離為明，表示以內心的智慧光明渡外界險難。六爻居位皆正，亦即初、三、五為陽爻居於陽位，二、四、上為陰爻居於陰位，此外初與四、二與五、三與上爻間又是最佳配合的應與關係。上卦坎為水往下流、下卦離火向上燒，又有上下互動交流之象。凡此種種，皆屬最佳諧衡狀態，故而成功。

未濟卦的卦爻配置與既濟卦完全相反：六爻居位皆不正，初與四、二與五、三與上爻間雖屬應與關係，但上爻離火上燒、下卦坎水下流，卻呈背逆走向，一時使不上力，故而失敗。

然而，以時間推移而論，既濟卦由離明進入坎險，漸致沉淪，未濟卦從坎險入離明，反獲提升，這是何故？成功讓人墮落，失敗教人痛定思痛，反而刺激成長，此所謂生於憂患死於安樂。卦序之所以安排既濟在前、未濟在後，也大有深意。

《易經》如果終結於既濟卦，一切順利解決，則人生不再有夢想、不再有未來，缺乏再往前發展的動力，這是多可怕的事！《易》之所以為易，就是永不止息的創造歷程，終而復始，周流不息，絕不可以有個固定的終點。宇宙無窮，人事難盡，既濟之後又是未濟，表示永遠向未來開放，這才是終極解脫的大自在。

既濟、未濟兩卦相綜，從一邊看是「水火既濟」，已獲成功，從一百八十度逆反的對邊看，卻是「火水未濟」，恐怕未必。既濟卦六爻全變成未濟卦，反之亦然，兩卦又為相錯的關係，表示成敗滋味完全不同，不容含混。既濟卦上下卦對調，亦成未濟卦；未濟卦上下對調，成既濟卦。

再以中間四爻構成的卦中卦來看，既濟卦中含有未濟卦，未濟卦中含有既濟卦，表示成敗相因，禍福相倚，令人悚然。《易經》六十四卦中，卦與卦關係之密切，莫過於既濟、未濟二卦，從乾、坤兩卦的簡易演化到如此錯綜複雜，真是令人歎為觀止。

諾貝爾文學獎得主高行健所著《靈山》一書，書中主角在邊陲秘境尋尋覓覓，到處問津，當地人都說到河對岸就好，結果真到了對岸，那邊的人卻迫切想渡到這邊來。苦海無邊，孰為彼岸？孰為此岸？什麼是迷？什麼是悟？還真正難說得很呢！

46 飛鳥遺音——中孚卦與小過卦

《易經》最後兩卦為既濟（䷾）、未濟（䷿），探討成敗之理。既濟能有階段性的成功，亦非僥倖，之前中孚（䷼）、小過（䷽）二卦相繼，已為成功打下了厚實的根基。

「中孚」的「孚」為《易經》關鍵用字，本意為母鳥孵蛋，親子之間透過體熱的傳遞，呈現出信望愛的真摯情懷。上一代卵翼下一代為天經地義，不學而能，問題是「幼吾幼」若不能「以及人之幼」，則終嫌狹隘，甚或溺愛護短，有違社會公義。「孚」且合於中道，即稱「中孚」，表示不獨親其親，不獨子其子，敦品勵行，講信修睦。

中孚卦的卦形就像鳥卵，上下四爻為陽，似堅實的蛋殼，中間二爻為陰，為流動、孕育中的新生命。世間一般培育下一代的機構或場所，皆有中孚之象，在周到的重重保護下，教導學員理論知識，以及做人做事須具備的正面信仰和價值。

中孚卦至小過卦，為六爻全變的錯卦演變，表示性質徹底對反，卻又有觸類旁通的相關性。小過卦的卦形像隻展翅飛翔的小鳥，上下四爻為陰，似舒張的兩翼，中間二爻為陽，似鳥的身軀。從中孚卦到小過卦，顯示孵育過程已經完成，小鳥啄破蛋殼而出，開始跌跌撞撞地學習飛翔的技巧。由於失去了安全的保護層，從此得自行面對外界的種種風險。許多初入社會的學生，常因生存環境的巨變而適應不良，亦同此理。

「小過」的意思就是動輒得咎，怎麼做都不會恰到好處，有如在學校裡學的理論，和現實總有差距，多經歷幾次後，就會漸漸掌握成事的竅門，一旦菜鳥變成老鳥，「中孚」加「小過」便成了既濟。

既然只是實習，在「小過」階段不宜有太大的動作，一切以累積經驗為主，不期待立刻有大成就。小鳥習飛只在低空迴旋，一有狀況，隨時可安全迫降，若急性高飛，有可能回不來，只聽到淒厲的叫聲縈繞不絕。小過卦卦辭稱：「可小事，不可大事。飛鳥遺之音。不宜上，宜下。」說得真是明確。

小過卦和大過卦不同。大過卦是負荷過重，用正常方法已難恢復平衡，只有以非常手段搏命求生；小過卦則出入有限，不斷在嘗試錯誤中調整，即可趨向成功。小過卦中間四爻重組，成大過卦（䷛），表示「小過」中有「大過」，也就是積小過會成大過；而大過卦的卦中卦卻無小過卦，顯然積重難返，成了過河卒子，只能拼命向前。大過卦有棺槨之象，行將就木；小過卦卻如青春小鳥，前景無限。

中國學問首重學習，《論語》開卷便說：「學而時習之，不亦悅乎！」「學」字本意為小孩子雙手玩爻，玩爻必有所見，故學字就是覺悟之覺，此二字都和《易經》有關。「習」字為鳥數飛，小鳥不斷勤練才會飛翔。習字上半為鳥羽，下半則有二說：一為「日」，意指練習應持之以恒，不得懈怠；一為「自」，明示真正的學習只能靠自己，誰都愛莫能助。

47

雁行團隊——漸卦

乾卦六爻以龍為象，初潛、二見、三惕、四躍、五飛、上亢，表現一切生命力往上演進的歷程。五爻「飛龍在天」為君位，已成功發展至最高峰，若能見好就收，完成任務後飄然引退，則無亢龍之悔。上爻「亢龍有悔」，主要是因為貪多務得，知進而不知退，依〈文言傳〉所釋，知進退而不失其正的，只有聖人辦得到，可見其難。凡夫俗子以至一般梟雄豪傑，多半過不了這一關。

《易經》中以進取為義的有三卦：晉卦（䷢）、升卦（䷭）和漸卦（䷴）。晉卦以日出為喻，下接的卻是明夷卦（䷣）的落日，表示在晉卦上爻出了問題，不進反退。升卦雖以地中生木、幼苗長成大樹為象，同樣也在上爻遭逢成長的極限，化為夢幻泡影。只有以鴻雁為象的漸卦，通力合作，各司其職，至上爻終有突破而獲吉。

鴻雁是水、陸、空三棲的候鳥，遷移時總會集體編隊飛行，成「一」字或「人」字，有雁頭、有放哨，分工嚴密，秩序井然。自古以來，人們對鴻雁的生態習性便極感興趣，許多成語與之有關，例如「翩若驚鴻」、「雪泥鴻爪」、「鴻飛冥冥」等。據說鴻雁有不再偶的美德，也就是喪偶後便守獨身到底，因此傳統婚禮的賀辭亦常以鴻雁為盟約的象徵。總之，鴻雁的群性甚高，凡事都一致行動，不允許有離群的孤雁。

漸卦六爻爻辭分言「鴻漸於干、磐、陸、木、陵、陸」，間以夫婦情緣為象，敘其分分合合的過程。漸卦卦辭直稱：「女歸吉，利貞。」明示男女婚姻應循序漸進，締結美滿良緣。〈彖傳〉稱：「進得位，往有功也；進以正，可以正邦也。」一語道破了漸卦既成功且成德，不同於晉、升二卦的關鍵。

漸卦第五爻居君位，爻辭稱「鴻漸于陵」，表示雁群已飛登最高峰，得位有功正指此而言。然而上爻又稱「鴻漸于陸」，與三爻同居陸地高平之處，表示成功後適時引退，回復下卦在野的身份，絕不託辭戀棧，以樹立進退以正的典範。邦國若皆能如此，必無獨夫擅權之虞，民眾得免荼毒之禍。

上爻爻辭稱：「其羽可用為儀，吉。」鴻羽甚輕且勁，古代宗廟祭祀時文舞用之，作為崇尚文德的象徵。人將名利看輕，功成而不居，所謂「生而不有，為而不恃，長而不宰」（《老子》第五十一章），這已是三不朽中「太上有立德」的境界。

現代企業的經營重視團隊精神，管理理論中亦有「雁行團隊」一說。有人說，英文team（團隊）一字中沒有「I」（自我），提示人在團隊中不可太過自我；又有人說，「功成不必在我」六字反過來念，就是「我在必不成功」。諸行無常，諸法無我，確為人生通義。

48

殘障聯盟——歸妹卦

漸卦以雁行為象，敘夫妻情緣；漸卦的下一卦歸妹卦（䷵），與漸卦相綜又相錯，仍在探討人際配合的問題。「妹」為少女，女嫁曰「歸」，思春期的少女尋覓佳偶便是「歸妹」。

歸妹上卦震，為長男，下卦兌，為少女，少女涉世未深，見長男儀表出眾，心生愛悅，便欲投懷送抱，孤注一擲的結果，卻很可能賠上終生。卦辭稱「征凶，無攸利」，和漸卦的「女歸吉，利貞」恰成強烈對照。

然而男大當婚，女大當嫁，又是天經地義，人類繁衍賴此而續，於是歸妹卦六爻便生出許多計較：初爻地位卑微，嫁出去只能與人為妾，權益和正室相差甚多，就像跛子雖能走，卻走不快一樣，沒有什麼行動力。二爻地位較高，眼光卻有問題，容易感情用事，最好別輕舉妄動，就像獨眼龍雖能看，看不真切。

就初、二爻的處境而言，彼此若能充分合作，殘缺互補，也有一定競爭力，兩爻齊變，成豫卦，大可動員一戰。獨眼龍背著跛子，聽其指示行動，只要配合無間，和正常人沒什麼兩樣。

歸妹第三爻正當下卦兌的缺口，少女的浪漫情懷嚴重，對姻緣的憧憬過高，不肯稍加屈就，結果隨著年華老大，最後還是以做小老婆告終。第四爻當上卦震的動源，長男自信十足，堅持高標準，雖然婚期延誤，仍得配佳偶。三、四爻居卦中人位，涉及對未來的期望和出手時機的判斷，雖然兩爻同樣待價而沽，卻是三凶四吉，行情完全不同。

五爻居君位，身價不凡，卻也難覓門當戶對的配偶。爻辭以公主下嫁為喻，婚禮上，新娘的禮服還沒有陪嫁丫嬛們的禮服漂亮。無論如何，這又是一種主從的搭配，古代流行群婚制，男子一娶數女，有大有小，既引起身價不同的紛爭，也有違兩性平權之義。歸妹卦以之為象，似乎有意和漸卦的從一而終相區隔。

上爻處歸妹之終，爻辭所述為婚姻難諧的假鳳虛凰之象。其實，歷代公主下嫁往往摻有政治考量，從王昭君「和番」起，就是一頁接一頁的女性血淚史，沒有真實的感情基礎，何來美滿幸福的婚姻？

整體看來，歸妹卦旨在討論身價問題，不論開高走低，或開低走高，身價隨時而變，最重要的當然是最後的成交價。「歸妹」是終身大事，馬虎不得，除了自我的準確評估外，還得重視與他人的協調搭配。以現代企業的行銷概念而論，就是組合銷售：初、二爻均似有瑕疵的單一產品，巧妙組合後產生互補效果；五爻則似獨一無二的高檔產品，很難單獨賣出，最好以酷炫的強力贈品帶動，才可創造佳績。

49 傾城傾國——泰卦與否卦

古希臘木馬屠城的故事流傳不息，絕色美女海倫一笑，千艘戰船為之下海，特洛伊城化為齏粉，江山與美人、霸權與情色的鬥爭永遠動人心弦。《詩經》有「哲夫成城，哲婦傾城」（〈大雅・瞻〉）的慨歎，雖為周幽王寵褒姒而發，卻有放諸四海而皆準的意義。男女之愛一旦與政治牽連，就會變得詭譎複雜，很難調理。妹喜、妲己、西施、楊貴妃，這些所謂的亡國禍水，實在承擔了太多的咎責，男人事業失敗，歸罪於女人太美，真是豈有此理。

《易經》中泰（䷊）、否（䷋）二卦相連，泰極否來，由繁華而衰敗，從情投意合的天地交泰到不相往來的否，也體現了這樣的情境。

泰卦居君位的第五爻，爻辭稱：「帝乙歸妹，以祉元吉。」和歸妹卦（䷵）第五爻所言的「帝乙歸妹」相通。帝乙是商紂王的父親，據說為了政治的考量，曾將女兒下嫁給文王，以聯姻方式羈縻西方大諸侯，共享福祉，安定天下。這種政治婚姻歷代常見，但通常不會有好結果，至少下嫁的公主難得幸福：王昭君獨留青塚向黃昏，康熙的女兒藍齊兒下嫁噶爾丹，夾處在夫婿和父親之間，亦備嚐辛酸。這大概也是歸妹卦不得善終的緣由。歸妹卦繼五爻之後的上爻，呈現的是婚姻難諧、假鳳虛凰的情景，鏡花水月竟成空。

泰卦上爻的結局更為慘烈，爻辭稱「城復于隍」。「隍」是護城河，築城時即同時挖造，掘土就地夯實築城牆。城牆傾覆，又回填城溝，表示霸業成空，城池被敵人攻破，一切又回復築城前的景況。噶爾丹攀龍附鳳，最後仍不免翁婿交兵，一戰而滅；夫差寵西施，紂王迷妲己，終致國破家亡。五爻的榮華風光，而今安在哉？政治權謀裡機關算盡，終誤了卿卿性命。

面臨覆亡的命運，主事者如何處置呢？爻辭又有告誡，切不可據隅頑抗，徒增無謂的犧牲，應承認失敗，將真實的情況告知城內軍民，擔負起善後的責任。這樣做雖然對，往下卻已注定是一條難行的窄路了。

第二次世界大戰時納粹帝國覆亡，盟軍東西兩線攻陷柏林，希特勒所作所為即與此相違，梟雄末日仍欲玉石俱焚，拉國脈民命陪葬，真是可憫可恨！

泰極否來，由奢入儉，難受已極，但也不是絕無生機。若能包羞忍辱，惕厲奮發，仍有出「否」希望。否卦最後一爻爻辭稱：「傾否，先否後喜。」驕奢淫逸，泰城必傾；群策群力，否局可破。否卦之後為「同人于野」，徹底超越泰否輪迴，氣象更為廣闊矣！

卦有小大
辭有險易

《易經》的深層智慧

50

大中小——強者與弱者的處世之道

《易經》論陰陽剛柔的變化，陽爻剛實有力者稱大，陰爻虛弱無力者稱小，在一卦之中，爻際關係的互動，或以大制小，或以小博大，呈現各種精微奧妙的情境。

小畜卦（䷈）一陰五陽，第四爻為唯一陰爻，夾處於上下五陽爻之間，上壓下擠，生存環境艱難，必須善用小巧騰挪的功夫，借力使力，以和平的方式敦親睦鄰，爭取本身最大的利益。以爻際關係而論，四爻和初爻相應與，又和居君位的五爻有陰承陽的合理對待，在自立自強的原則下以小事大，應可無礙。只要緊鄰的五爻不恃強侵凌，態度軟化，也就是陽爻變陰爻，小畜卦即變成大畜卦（䷙），富利共享，形勢豁然開朗矣！

小過卦（䷽）二陽四陰，三、四兩陽爻被上下四陰爻緊緊包圍，陰盛陽衰，難以施展，只能謹小慎微以求自保。小過卦有小鳥習飛之象，表示不斷在嘗試錯誤中成長，終有一日能振翅高飛、翱翔自如。卦辭先稱「可小事，不可大事」，最後又稱「大吉」，顯示由小而大、積漸為雄，人生奮鬥何嘗不如是？

大過卦（䷛）四陽二陰，上下兩陰爻已包裹不住中間緊密相連的四陽爻，陽盛陰衰，勢將潰圍而出，既然積重難返，乾脆背水一戰。

大壯卦（䷡）四陽在下、二陰在上，氣勢雄壯，卻不可輕舉妄動，否則必有深陷藩籬、進退失據之禍。大有卦（䷍）一陰爻高據君位，統合上下五陽爻，所有資源全體共用，在卦名稱「大」的四個卦中，格局最寬廣，境界最崇高。

再有如臨卦（䷒）和豐卦（䷶），卦名雖不稱大，〈易傳〉卻給予大的評價。依卦序，臨卦之前為蠱卦（䷑），蠱卦亂象叢生，必須徹底改革，改革成功即成自由開放、全民共治的臨卦（䷒）。〈序卦傳〉稱：「臨者，大也。」若依一年十二月份卦演變的順序，臨卦之前為復卦（䷗），一陽復始，見天地之心，其勢雖微，已能明辨事理。〈繫辭傳〉稱「復，小而辨於物。」一陽復為小，二陽臨即稱大，只要方向正確，由小而大，不是難事。

豐卦顧名思義就是大，資源豐厚，如日中天，〈序卦傳〉及〈彖傳〉皆稱：「豐者，大也。」創立豐功偉業的領袖稱王，王者須有建構理念及貫徹執行的能力。《老子》第二十五章有云：「道大、天大、地大，王亦大。域中有四大，而王居其一焉。人法地，地法天，天法道，道法自然。」人間的領袖掌握公權力，影響不容小覷，「王」字以一貫三，本有通天地人之義。

然而，豐大的局面不易久持，偶一不慎，即演變成豐之後的旅卦（䷷），〈序卦傳〉稱為「窮大者必失其居。」旅卦異域漂泊，寄人籬下，只能小心行事，卦辭稱「小亨」。旅卦之後為巽卦

（䷸），卦辭仍稱「小亨」，巽為風、為入，入境問俗，落地生根，為了與當地人融合，必須低調才能亨通。如此由豐而旅而巽，從大變小，再難復原矣！

從以上各卦，由小而大或從大變小，又涉及「中」的觀念：

「剛中而志行，乃亨」（小畜卦〈彖傳〉）；

「柔得中，是以小事吉」（小過卦〈彖傳〉）；

「剛過而中，乃亨」（大過卦〈彖傳〉）；

「貞吉以中」（大壯卦〈小象傳〉）；

「大中而上下應之」（大有卦〈彖傳〉）、「積中不敗」（大有卦〈小象傳〉）；

「剛中而應、大亨以正」（臨卦〈彖傳〉）、「行中為大君之宜」（臨卦〈小象傳〉）；

「中行獨復、中以自考」（復卦〈小象傳〉）；

「宜日中」（豐卦卦辭）；

「柔得中乎外，是以小亨」（旅卦〈彖傳〉）；

「剛巽乎中正而志行」（巽卦〈彖傳〉）、「得中」、「位正中」（巽卦〈小象傳〉）。

「中」所指為何，和大小間的關係又是怎樣呢？《易經》處處言「中」，主要並非在規模上立論，而是看重陰陽和合、剛柔互濟，在大與小之間的互動找到最佳的平衡點。陰陽和合便能生，便不會互相爭鬥或摧毀。泰卦（䷊）卦辭稱「小往大來，吉亨」，表示大小之間充分溝通交流，天地交泰，自然化生萬物。「中」是恰到好處，無過與不及，行事如此稱「中節」，《易經》節卦（䷻）之後為中孚卦（䷼），亦在闡明此理。中可救小，中可保大，人生時時刻刻不可脫離中道，所以稱為「時中」。

易學小教室

先天八卦

（一）由來

先天八卦，又稱伏羲八卦，傳說是由距今七千年的伏羲氏觀物取象所作。〈繫辭傳〉說：「《易》有太極，是生兩儀，兩儀生四象，四象生八卦。」這就是先天八卦及其產生的過程。首先是太極，其次是兩儀，最後是八卦，它們是宇宙形成的過程。

先天八卦的卦序是：一乾、二兌、三離、四震、五巽、六坎、七艮、八坤。〈說卦傳〉

說：「天地定位，山澤通氣，雷風相薄，水火不相射，八卦相錯。數往者順，知來者逆。是故《易》逆數也。」這是先天八卦方位的理論依據，是講八卦自身匹配相對之體的。

八卦按其所代表的東西的性質兩兩相對，分成四對，每對都是兩個性質相反，即陰陽相對，各據一方，四對交錯，就構成了先天八卦。從卦爻明顯看出，乾坤兩卦為純陽、純陰卦外，震、坎、艮卦是由一陽爻兩陰爻組成，而且爻畫均為五，為奇數、陽數，故此三卦為陽卦。巽、離、兌三卦是由一陰爻兩陽爻組成，而且爻畫均為四，為偶數、陰數，故此三卦為陰卦。

（二）方位

由先天八卦方位圖（下圖），我們可以從圖中分析出陰陽相對的關係。

天地定位　乾南坤北，天居上，地居下，南北對峙，上下相對。乾是三陽爻、純陽之卦；坤是三陰、純陰之卦。

山澤通氣　艮為山居西北，兌為澤居東南，澤氣通於山，為山為雨；山氣通於澤，

先天八卦

降雨為水為泉。艮是一陽爻在上，二陰爻在下；兌是一陰爻在上，二陽爻在下。

雷風相薄　震為雷居東北，巽為風居西南，相薄者，其勢相迫，雷迅風益烈，風激而雷益迅。震是二陰爻在上，一陽爻在下；巽是二陽爻在上，一陰爻在下。

水火不相射　離為日居東，坎為月居西，離為火，坎為水，水得火以濟其寒，火得水以濟其熱，不相熄滅。離是上下為陽爻，中間為陰爻；坎是上下為陰爻，中間為陽爻。

（三）數字

先天八卦方位與先天卦數的排列形式（下圖），由乾一至震四，係由上而下，再由下而上旋至巽五，由巽五至坤八，又由上而下。其路線形成S形的曲線，這種運動方式稱為「逆行」，從S形運動中，由乾至坤是按先天卦數乾一、兌二、離三、震四、巽五、坎六、艮七、坤八排列的，這種從上而下、先左後右、由少至多的數位排列方式，稱作「逆數」，反之，由坤至乾，從下面的

先天八卦數字

開始，由下而上，先右後左，由多至少的數位形成倒行的方式，稱作「順數」。

按先天八卦乾坤、艮兌、震巽、坎離兩兩對待之本，每一對中都含有順逆、奇偶、陰陽，即陰中含陽，陽中含陰，陰陽錯綜交變，這就是先天八卦方位圖中的矛盾對立統一的辯證思想，是八卦本著陰陽消長，順逆交錯，相反相成的宇宙生成自然之理，來預測推斷世間一切事物，正所謂數不離理，理不離數。

51 天時、地利、人和——認清局勢

《易經》一卦六爻的配置，以初、二爻為地位，象徵基礎的立地條件；五、上爻為天位，象徵高層領導的理念及風格；中間三、四爻居人位，頂天立地而行事。任何一卦均有天時、地利、人和的綜合考量，在深切瞭解周遭的情勢下，謀求人事上的最佳努力。

遯卦（䷠）四陽在上、二陰在下，陽實陰虛，表示初、二爻的地位已虛，再無立足條件，缺乏民意支持的領導階層只能安排退路。臨卦（䷒）四陰在上、二陽在下，初、二爻地位穩固，故能君臨天下，腳踏實地推行政務。臨、遯二卦相錯，一管事一退休，處境正好相反。

觀卦（䷓）二陽在上，四陰在下，五、上爻代表四時運行的天道真理，為其下萬民所崇信觀仰。大壯卦（䷡）二陰在上、四陽在下，五、上二爻天位猶虛，表示主導大局的時機尚未成熟，不可貿然行事。《論語・季氏》中說：「少之時，戒之在色；壯之時，戒之在鬥。」正切合大壯的情境。觀、大壯二卦相錯，一冷靜穩重、一熱情衝動，卦性亦徹底對反。

中孚卦（䷼）二陰在中，四陽在外，三、四兩爻人位為虛，表示人才尚在孕育中，並未定型。

中孚有母鳥孵蛋之象，世間一切教育機構，以及宣傳信仰的道場，皆同此象。小過卦（䷽）二陽在中、四陰在外，三、四兩爻人位為實，人才已孕育成形，但天位及地位猶虛，表示初出茅廬，尚需實務歷練。小過卦有小鳥試飛之象，和中孚卦相錯，象徵幼雛已啄破蛋殼，準備獨立生活。

《易經》六畫卦由三畫卦演繹而來，由三畫卦構成的八卦，即蘊含天地人之義：上畫為天、下畫為地、中畫為人。因此，以上六卦若依陽實陰虛之理，還原成三畫卦，又是另一種觀象的方法。

小過卦（䷽）人位為實、天位地位為虛，有如三畫的坎卦（☵），一陽陷入二陰之中，相當艱苦。小鳥試飛、屢仆屢起稱「習」，而坎卦在經傳中多稱「習坎」，將險境視為人生最好的學習道場，顯然二卦主旨有會通之處，易學上稱小過卦有「大坎」之象。

同理，中孚卦（䷼）人位為虛、天位地位為實，有「大離」（☲）之象。離卦光輝燦爛，象徵人類繼往開來的文明成就；中孚卦母子相承、作育英才，道理與之相通。

大壯卦（䷡）天位為虛、人位地位為實，有大兌（☱）之象。兌為少女卦，天真爛漫，心有所悅，形諸言說，不免易傷人傷己，和大壯卦的血氣方剛、莽撞行事極為相似。

觀卦（䷓）天位為實、人位地位為虛，有大艮（☶）之象。艮為止欲修行，和觀卦的信仰參拜直接相關，佛教有止、觀法門，靜得住才看得清。

臨卦（䷒）地位為實、天位人位為虛，有大震（☳）之象。震為積極主宰，正合君臨天下之意，〈說卦傳〉即稱：「帝出乎震。」

遯卦（䷠）地位為虛、天位人位為實，有大巽（☴）之象。巽為低調沉潛，又跟遯的退隱之義相應，人安排退路若能如此，必得善終。

易學小教室

後天八卦

後天八卦又稱文王八卦，〈說卦傳〉曰：「帝出乎震，齊乎巽，相見乎離，致役乎坤，說言乎兌，戰乎乾，勞乎坎，成言乎艮。」由震卦出發，即震卦為起始點，位列正東。按順時針方向，依次為巽卦，東南；離卦，正南；坤卦，西南；兌卦，正西；乾卦，西北；坎卦，正北；艮卦，東北。後天八卦講流行，形容週期循環，如水流行，用後天八卦圖以表示陰陽的依存與互根（亦稱「相成」），五行的母子相生。

後天八卦圖是從四時的推移、萬物的生長收藏得出的規律。萬物的春生、夏長、秋收、冬藏，每周天三百六十日有奇，八卦用事各主四十五日，其轉換點就表現在四正四隅的八節上，這就構成了按順時針方向運轉的後天八卦圖。每卦有三爻，三而八之，即指一年二十四個節氣，如震為春分，巽為立夏，離為夏至，坤為立秋，兌為秋分，乾為立冬，坎為冬至，艮為立春，由此可見後天八卦圖的實質了。

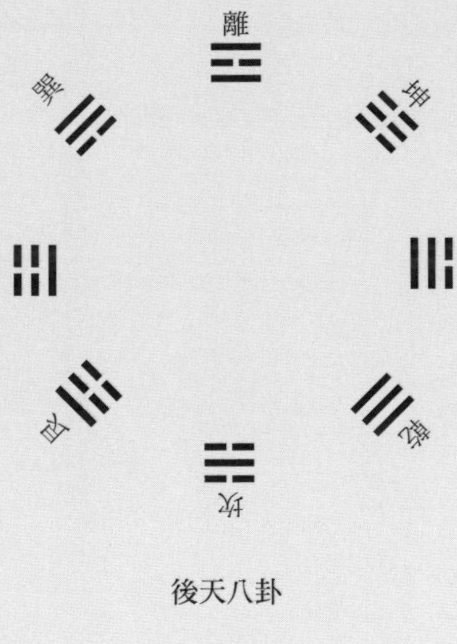

後天八卦

52 三不朽——功成名就的代價

人生在世，以立德、立功、立言為三不朽。立德至上，聖哲教化群生；立功次之，英雄創建大業；立言又次之，著述傳世，文采風流。

中國思想首重實踐，不尚空言。有德者必有言，有言者不必然有德。光說不練、眼高手低的文人學者比比皆是。反觀釋迦牟尼、孔子縱未刻意著書，千秋萬世仍存其教誨；英雄豪傑鮮少為文，其生平志業也自有傳述。

《易經》經文中，僅隨卦（䷐）初爻爻辭逕直言「功」，辭稱：「出門交有功。」隨卦教人去除拘礙，機敏靈活，隨時注意當下眼前的情勢變化，一旦出現機會，立刻出門結交值得追隨的對象，自然容易成功。

傳文中提到「成功」的就多了：需卦（䷄）健行遇險，須堅定信念、持久不懈地奮鬥，耐心等待機會以化解爭議，滿足需求，故需卦〈彖傳〉末稱「往有功」。蹇（䷦）、解（䷧）二卦相綜，〈彖傳〉皆稱「往有功」，表示再大的困難也有解決之道。漸卦（䷴）強調團隊精神，教人循序漸進，分階段、抓重點處理問題，其〈彖傳〉亦稱「往有功」。

相較來說，蠱卦（䷑）〈彖傳〉只稱「往有事」，不言「往有功」，可見改革大業艱難，忙得要死，也不一定成功。從王安石到康有為，自古變法改革者多以失敗告終，商鞅算是唯一成功的例子，最後卻也作法自斃，慘遭車裂之刑。

欲改變現狀，革命是另一選項。革卦（䷰）之前為井卦（䷯），革命前的準備工夫可不容易，開發潛藏資源充滿風險，極可能功虧一簣，故井卦〈彖傳〉稱：「未有功也。」要麼百分之百成功，要麼歸零徹底失敗，大成大敗皆在一線之間。

巽卦（䷸）深隱曲折，滲透顛覆，借殼上市，往往防不勝防。其四爻順利打入組織的高層，廣結上下的人脈，〈小象傳〉稱：「有功也。」表示長期潛伏，再進一步即可入據五爻君位，大功告成。

渙卦（䷺）離心離德，若能重建共識，整合成功，道力不可思議。其〈彖傳〉稱「乘木有功」，表示靠智慧駕木舟渡彼岸，真正功德無量。

恒卦（䷟）上爻動搖國本，〈小象傳〉稱「大無功」。坎卦三爻進退皆險，〈小象傳〉稱「終無功」，然其〈彖傳〉強調只要信心堅定，仍有脫險機會，總結稱「往有功」。師卦（䷆）三爻將權不專，令出多門，作戰必敗，〈小象傳〉稱「大無功」，而其上爻戰後論功行賞，稱「以正功」。

需、蹇、解、井、渙、坎、師等卦，或上卦坎險，或下卦坎險，其〈易傳〉皆稱「有功」或「無功」，可見人生建功立業，必遇患難，冒險犯難才能成功。

《易經》經文提到「德」字的不多，僅有訟卦三爻「食舊德」、恒卦三爻「不恒其德」、益卦五爻「有孚惠我德」三處，均為人際互動、善行相感召之意。

〈易傳〉幾乎是一片德行世界：乾、坤兩卦為六十四卦之本，專論二卦的〈文言傳〉提出十多種德，勉勵人效法天地自然行事。〈繫辭傳〉通解《易經》，也多以德行觀念貫通，還提出「憂患九德」的說法，以履（䷉）、謙（䷎）、復（䷗）、恒（䷟）、損（䷨）、益（䷩）、困（䷮）、井（䷯）、巽（䷸）九卦，作為亂世修持的規範。

〈大象傳〉重德的色彩更明顯，和〈彖傳〉尚功的精神可謂相得益彰；其意在明示人生功成名就固然重要，卻不可驕傲自滿，斷了更上一層的修德之路。漸卦五爻成功、上爻功成身退以樹立典範，就是最好的例證。蠱卦難以成功，關鍵也在推行改革的人缺德，假改革之名以謀私利，故而〈大象傳〉強調「振民育德」，居君位的五爻〈小象傳〉則稱「承以德」。

《易經》重功尚德，對「言」就不是那麼重視了。需、訟二卦的爻辭皆稱「小有言，終吉」，顯然在追求成功的過程中，不在乎別人的閒言閒語。明夷卦（䷣）大難當頭，初爻四處奔波求助，爻辭稱「主人有言」，為了生存，一切批評都逆來順受。困卦山窮水盡，怎麼說都難取信於人，卦辭稱「有言不信」。夬卦（䷪）四爻身處高位，在剛柔對決的互動談判中卻被摒除在外，說話沒有公信力，爻辭稱「聞言不信」。

言論要產生感染力，使人信服，必須審慎斟酌，言出必行。革卦（䷰）欲掀動變革，當完善立論，三爻爻辭稱「革言三就」；艮卦（䷳）沉穩修行，居君位的五爻爻辭稱「言有序，悔亡」。

德與言二者關係以〈繫辭上傳〉末章總結得最好：「默而成之，不言而信，存乎德行。」

易學小教室

八卦小知識

八卦代數

先天八卦：乾一，兌二，離三，震四，巽五，坎六，艮七，坤八。

後天八卦：坎一，乾二，兌三，坤四，艮五，震六，巽七，離八。

八卦方位

先天八卦：乾南，坤北，離東，坎西，兌東南，震東北，巽西南，艮西北。

後天八卦：震東，兌西，離南，坎北，乾西北，坤西南，艮東北，巽東南。

八卦與季節

乾、兌旺於秋，衰於冬。

震、巽旺於春，衰於夏。

坤、艮旺於四季，衰於秋。

離旺於夏，衰於四季。

坎旺於冬，衰於春。

注：「四季」是指每一季後一個月。

五行的相生相克

中國古人在長期的生活和生產實踐中，認識到木火水金土是構成世界的基本物質，並且世間一切事物皆由這五種物質相互之間運動變化生成。它們之間既相互資生又相互制約，在不斷的相生相克運動中維持著動態的平衡。

五行相生是指五行之間互相資生、促進的關係。其特性為：木生火，火生土，土生金，金生水，水生木。用日常生活現象解釋就是：木材燃燒生成火；火燒木頭變成灰（土）；土中有金屬礦，可以提煉成金屬；熔金可以化為鐵水、銅水；水能灌溉樹木。

五行相克，也稱為「五行相勝」，是指五行之間互相制約、克勝之關係。其規律為：木克土，土克水，水克火，火克金，金克木。直觀的解釋就是：水能滅火，火能熔金，金屬能伐木，木製農具能掘土，土又能擋住洪水。五行相克的觀念，最早出現於戰國時期。

八卦所屬五行生克

乾、兌（金）生坎（水），坎（水）生震、巽（木），震、巽（木）生離（火），離（火）生坤、艮（土），坤、艮（土）生乾、兌（金）。

乾、兌（金）克震、巽（木），震、巽（木）克坤、艮（土），坤、艮（土）克坎（水），坎（水）克離（火），離（火）克乾、兌（金）。

五行與季節的關係

五行與季節的關係指的是氣體的五種運動方式。

春天屬木，代表氣體向四周擴散的運動方式。春天，花草樹木生長茂盛，樹木的枝條向四周伸展，養料往枝頭輸送，所以春屬木。

夏天屬火，代表氣體向上的運動方式。火的特點就是向上，夏天各種植物向上生長，長勢迅猛，所以夏屬火。

秋天屬金，代表氣體向內收縮的運動方式。金的特點是穩固，秋天收穫，人們儲蓄糧食為過冬作準備，樹葉凋落，所以秋屬金。

冬天屬水，代表氣體向下的運動方式。水往低處流，冬天萬物休眠，為春天蓄積養料，所以冬屬水。

因有四季而有四行，但夏天和秋天之間要有過渡階段，因此便有了土，土代表氣的平穩運動。

五行的特性

《尚書・洪範》載：「水曰潤下，火曰炎上，木曰曲直，金曰從革，土爰稼穡。」今人多理解為如下特性。

木的特性　日出東方，與木相似。古人稱「木曰曲直」，「曲直」實際是指樹木的生長形態，為枝幹曲直，向上向外周舒展。因而引申為具有生長、升發、條達舒暢等作用或性質的事物，均歸屬於木。

火的特性　南方炎熱，與火相似。古人稱「火曰炎上」，「炎上」是指火具有溫熱、上升的特性。因而引申為具有溫熱、升騰作用的事物，均歸屬於火。

土的特性　中原肥沃，與土相似。古人稱「土爰稼穡」，是指土有種植和收穫農作物的作用。因而引申為具有生化、承載、受納作用的事物，均歸屬於土。故有「土載四行」和「土為萬物之母」的說法。

金的特性　日落於西，與金相似。古人稱「金曰從革」，「從革」是指「變革」的意思。引申為具有清潔、收斂等作用的事物，均歸屬於金。

水的特性　北方寒冷，與水相似。古人稱「水曰潤下」，是指水具有滋潤和向下的特性。引申為具有寒涼、滋潤、向下運行的事物，均歸屬於水。

53

不言之象——《易經》的微言大義

《易經》經文，卦辭加爻辭總共才四千多字，可謂精簡已極，何以流傳至今，不僅影響不絕，後人尚還不斷從中解讀出嶄新的意義呢？這和《易經》的象徵語言大有關係，說什麼、不說什麼，均有甚深的考量，言有盡而意無窮，旨在啟發人全面而深入的思考。

以乾卦（䷀）卦辭而論，僅有「元亨利貞」四字，代表天道周而復始的創化歷程，〈文言傳〉將其運用於人事修行，標榜為四德。坤（䷁）、屯（䷂）、隨（䷐）、臨（䷒）、无妄（䷘）、革（䷰）六卦，卦辭中皆有「元亨利貞」，稱四德俱全，但因不似乾卦純粹，另有條件但書，必須做到了才與乾卦同德。例如，臨卦卦辭稱：「元亨利貞，至于八月有凶。」八月之凶意指上天給領導者的重大警惕，明示君臨天下不得殘民以逞、上干天和，否則會遭天譴。

蠱卦（䷑）介於隨、臨二卦之間，卦辭中有「元亨利」三德，卻獨欠「貞」字，表示不正之風瀰漫，所以才需大刀闊斧改革，以求撥亂反正。一旦改革成功，進入了自由開放的臨卦，隨卦的貞德重現，組織又恢復了正常的機制。

《易經》上經頭三卦乾、坤、屯皆四德俱全，到了第四卦蒙（䷃）卻不見「元」字，僅有「亨利貞」，表示習染漸深，情欲蒙蔽了理智，故而元德不顯。缺什麼，就得補什麼，一般所謂的啟蒙，其實就是復元，因此教育的真實宗旨，即在於重新培養生命的創造力。

六十四卦的爻辭每每稱引卦名，作為各爻意涵統攝的基準，甚至有十三卦六爻全稱。因此，若一卦中有五爻爻辭稱卦名，唯獨一爻未稱者，必有深意。

需卦（䷄）外卦坎險、內卦乾健，健行遇險，雖有生存發展的需求，不得不耐心等待，以免躁進滅頂。初至五爻分稱「需于郊」、「需于沙」、「需于泥」、「需于血」、「需于酒食」，獨上爻不見「需」字。可見至此需求已獲解決，不必再焦灼等候。

師卦（䷆）兵凶戰危，大動干戈，初至五爻皆言「師」，獨上爻無「師」字，表示征伐已畢，該論功行賞，重建戰後新秩序。「上六」爻辭云：「大君有命，開國承家，小人勿用。」「大君」為天下共主，趁戰勝之威，劃定諸侯列邦的勢力範圍，切不可私心用事，扶植親己勢力，否則又將激起不滿，埋下下次戰爭的種子。第一次世界大戰結束後，英法列強對戰敗的德國欺壓過甚，不久又促發第二次世界大戰，即為顯例；選戰勝利後，濫行酬庸，所任非人，造成內部不安，也是同樣道理。

蠱卦改革積弊，整飭紀綱，初至五爻皆言「蠱」，獨上爻不見「蠱」字，表示改革大業終獲成功。上爻爻辭稱：「不事王侯，高尚其事。」「王侯」為封閉威權體制內的政客，往往就是蠱亂之源，「不事王侯」，表示人民已擺脫特權的控制，進入全民共和、共治的時代。

兌卦（䷹）「朋友講習」，快樂喜悅，諸爻多言兌，「和兌」、「孚兌」、「來兌」、「商兌」、「引兌」，獨居君位的五爻未見「兌」字，此爻爻辭稱：「孚于剝，有厲。」不僅不悅，還因為誠信受質疑，相當痛苦。「兌」有言語之象，五爻不言「兌」，也表示領導人最好少說話，以免言多必失。

除以上四卦外，爻中具有不言之象者還有很多，讀《易》者善加體會，必有深悟。書不盡言，言不盡意，易象、易理之豐富深邃，令人歎為觀止。

易學小教室

天干

（一）名稱由來

早在四千多年前，中華始祖黃帝建國時，命大撓氏探察天地之氣機，探究五行（金木水火土），始作甲、乙、丙、丁、戊、己、庚、辛、壬、癸等十天干，及子、丑、寅、卯、辰、巳、午、未、申、酉、戌、亥等十二地支，相互配合成六十甲子用為紀曆之符號。

天干，即甲、乙、丙、丁、戊、己、庚、辛、壬、癸的總稱，其中又包含著不同的寓意。

甲 象徵草木破土而萌，陽在內而被陰包裹。也有觀點說，「甲者，鎧甲也」，萬物衝破其甲而突出。

乙 象徵草木初生，枝葉柔軟屈曲伸長。「乙者，軋也」。

丙 炳也，如赫赫太陽，炎炎火光，象徵萬物皆炳然著見而明。

丁 壯也，象徵草木成長壯實，好比人的成丁。

戊 茂也，象徵大地草木茂盛。

己 起也，紀也，象徵萬物仰屈而起，有形可紀。

庚 更也，象徵秋收而待來春。

辛 金味辛，物成而後有味。又有觀點說，「辛者，新也，萬物肅然更改，秀實新成」。

壬 妊也，象徵陽氣潛伏地中，萬物懷妊。

癸 揆也，萬物閉藏，懷妊地下，揆然萌芽。

（二）基本概念

天干與陰陽

十天干中，屬陽性的干為甲、丙、戊、庚、壬，稱為「陽干」；屬陰性的干為乙、丁、己、辛、癸，稱為「陰干」。

天干與五行

甲、乙同屬木，丙、丁同屬火，戊、己同屬土，庚、辛同屬金，壬、癸同屬水。再配以陰陽，則甲為陽木，乙為陰木；丙為陽火，丁為陰火；戊為陽土，己為陰土；庚為陽金，辛為陰金；壬為陽水，癸為陰水。

天干與方位

甲、乙居東方，丙、丁居南方，戊、己居中央，庚、辛居西方，壬、癸居北方。

天干與四季

甲、乙屬春季，丙、丁屬夏季，庚、辛屬秋季，壬、癸屬冬季，戊、己屬長夏。

天干與人體臟腑

陽干配臟，陰干配腑。甲為膽，乙為肝，丙為小腸，丁為心，戊為胃，己為脾，庚為大腸，辛為肺，壬為膀胱，癸為腎。

54 策略人生——靈活變通，化解危機

《易經》為四書五經之首，弘揚義理，博大精深，有益教化人心，但對於經傳文辭不可僅以道德教訓視之，其審時度勢的策略思考，無論正說、反說，只要善加引申運用，均可實踐於人事而取得莫大的功效。

需卦（䷄）〈大象傳〉稱：「君子以飲食宴樂。」民以食為天，經濟生活為人性的基本需求，必須供應無缺，社會才能穩定。需卦外坎內乾，健行遇險，須耐心等候時機；既然急不得，還不如以平常心度日，該吃就吃，該喝就喝，該玩照玩。另外，當我們需要別人幫助，一時間還不便相求，飲食宴樂也是培養感情很好的方式，酒酣耳熱之餘，什麼都會變得比較好談。一般生意應酬、協商飯局，無非都是需卦原理的應用。

隨卦（䷐）〈大象傳〉稱：「君子以嚮晦入宴息。」明示人生行事，須隨時勢變化而調整，看天色將暗就收拾工作，準備休息，不要勉強摸黑苦幹，效率既差又充滿風險。籃球比賽中，形勢不利的一方常適時叫停，以調整部署，穩定軍心，也讓打順手的對方氣勢為之一挫。早期日本圍棋高

手對弈，可隨時打掛，暫停棋局，回去研究透徹後再來交戰，往往能因此扭轉形勢，佔得上風。人生隨機應變，吃飯、睡覺都是兵法，一顰一笑皆有深意，取勝焉有定規？

坎卦（䷜）艱險坎坷，危機深重，而〈象傳〉末卻稱：「險之時用大矣哉！」外在的坎險若善加運用，其實正好化解內部的阻力，促成派系團結，一致對外。《孫子兵法》上說，縱使世仇如吳、越二國，一旦同舟遇風，兩國人仍相救如左右手，這正是蹇卦智慧的最好說明。

睽卦（䷥）為一家人反目成仇，互相猜忌憎恨，〈象傳〉末卻稱：「睽之時用大矣哉！」巧妙運用睽的心理，製造對立，以分化敵方的團結，確保我方的利益，此為常見的鬥爭方式。鷸蚌相爭，漁翁得利，兩岸相爭，美日列強獲益，都是同樣的道理。

比卦（䷇）縱橫捭闔，爭取外交利益，其第三爻爻辭稱：「比之匪人。」「匪」同非，交錯了朋友，理當吃虧，故而〈小象傳〉稱「不亦傷乎！」但爻辭本身並未明言吉凶，三爻爻變成蹇卦，固然艱困難行，依前述風雨同舟的原理，卻可與對方暫結同盟，應付共同的難關。外交上本來就沒有永遠的朋友，更沒有永遠的敵人，階段性合作組成統一戰線，亦為常有之事。

人際關係、國際關係隨時在變，不可拘執，應靈活變通。隨卦（䷐）二爻爻辭稱：「係小子，失丈夫。」〈小象傳〉云：「弗兼與也。」當魚與熊掌不可得兼，必須作出取捨，小子何德何能，為什麼取小子而失丈夫呢？原因在於丈夫雖才德俱優，卻不合時用，小子不入流，偏偏時髦當令，為求現實利益，不得不然，故而爻辭亦不明言吉凶，成敗得失得視當事人的修為而定。隨卦第三爻爻辭接著說：「係丈夫，失小子。」待階段性目標達成，又把小子拋棄掉，搭上條件更好的新丈夫，顯然小子只是過渡，和「比之匪人」的策略相近。

升卦（䷭）追求高度成長，然而其第三爻爻辭僅稱「升虛邑」，同樣不明言吉凶。此爻爻變成師卦（䷆），顯示兵不厭詐，其運用之妙，仍存乎一心。「虛邑」是不存在的城市，一如沙漠中的海市蜃樓；泡沫經濟的炒作哄抬，以及政治上有名無實的權位羈縻，都是「升虛邑」。畫餅不能充饑，卻有迷惑人心的效果，主事者往往只以此作餌請君入甕，一旦利益到手，很少會去認真實踐。

世路多歧，人心險惡，學《易》得面對現實，積極尋求化解之道，切勿沾染書呆氣，成了一無作為的濫好人。

易學小教室

地支

（一）名稱由來

地支，即子、丑、寅、卯、辰、巳、午、未、申、酉、戌、亥的總稱，其寓意分別如下。

子　孽也，草木生子，吸土中水分而出，為一陽萌的開始。

丑　紐也，草木在土中出芽，屈曲著將要冒出地面。

寅　演也，津也，寒土中屈曲的草木，迎著春陽從地面伸展。

卯　茂也，日照東方，萬物滋茂。

辰　震也，伸也，萬物震起而生，陽氣生發已經過半。

巳　起也，萬物盛長而起，陰氣消盡，純陽無陰。

午　仵也，萬物豐滿長大，陽氣充盛，陰氣開始萌生。

未　味也，果實成熟而有滋味。

申　身也，物體都已長成。

酉　老也，猶也，萬物到這時都猶縮收斂。

戌　滅也，草木凋零，生氣滅絕。

亥　劾也，陰氣劾殺萬物，到此已達極點。

（二）基本概念

地支與陰陽

十二地支中，屬陽性的支為子、寅、辰、午、申、戌，稱為「陽支」；屬陰性的支為丑、卯、巳、未、酉、亥，稱為「陰支」。

地支與五行

寅卯屬木，巳午屬火，丑辰未戌屬土，申酉屬金，亥子屬水。依照陰陽大小不同又可分為：寅為初生之木，卯為極盛之木，辰為漸衰之木；巳為初生之火，午為極盛之火，未為漸衰之火；申為初生之金，酉為極盛之金，戌為漸衰之金；亥為初生之水，子為極盛之水，丑為漸衰之水。

地支與方位

寅卯為東方，巳午為南方，辰戌丑未為中央，申酉為西方，亥子為北方。

地支與月份

農曆正月為寅月，二月為卯月，三月為辰月，四月為巳月，五月為午月，六月為未月，七月為申月，八月為酉月，九月為戌月，十月為亥月，十一月為子月，十二月為丑月。根據五行配比，一、二月為木，三、六、九、十二月為土，四、五月為火，七、八月為金，十、十一月為水。

地支與時辰

二十三時至一時為子時，一時至三時為丑時，三時至五時為寅時，五時至七時為卯時，七時至九時為辰時，九時至十一時為巳時，十一時至十三時為午時，十三時至十五時為未時，十五時至十七時為申時，十七時至十九時為酉時，十九時至二十一時為戌時，二十一時至二十三時為亥時。

地支與人體臟腑

寅為膽，卯為肝，巳為心，午為小腸，戌辰為胃，丑未為脾，申為大腸，酉為肺，亥為腎，子為膀胱。

地支與生肖

十二地支與十二生肖相配，子鼠，丑牛，寅虎，卯兔，辰龍，巳蛇，午馬，未羊，申猴，酉雞，戌狗，亥豬。

55

過去、現在、未來——隨卦與時間的函數

《易經》最重視時機、時勢的變化，以及時間、資源的精確運用，故〈易傳〉中到處可見對「時」字的強調：坎（䷜）、睽（䷥）、蹇（䷦）三卦為艱難逆境，其〈彖傳〉皆稱「時用大矣哉」，意思是若能運用巧妙，可建奇功；頤（䷚）、大過（䷛）、解（䷧）、革（䷰）四卦，生死攸關、終極解脫、改朝換代，都是人生大事，其〈彖傳〉皆稱「時大矣哉」。豫（䷏）、遯（䷠）、姤（䷫）、旅（䷷）四卦，預測未來、急流勇退、危機處理、羈旅漂泊之時，如何應對得宜，至為重要，其〈彖傳〉皆稱「時義大矣哉」；隨卦（䷐）機敏靈活，隨機應變，故隨卦〈彖傳〉稱「隨時之義大矣哉」。

時間不斷流逝，不斷生新，為了註記方便，我們習慣將時間分成過去、現在、未來三大部分，回憶既往、掌握當下、憧憬未來就構成了人們常持的生活方式。

《易經》卦序中也透顯這樣的時間觀：豫卦預測、預備、豫樂，都是面對不可知的未來所採取的基本動作。隨卦隨機應變，根據當下的現實作調整，自然是立足於現在。蠱卦改革積弊，撥亂反

正，正是繼承過去，也批判過去。豫、隨、蠱三卦在《易經》中排序為十六、十七、十八，恰好前後相連，表示逝者如斯，原來尚屬計議中的未來，轉瞬已成了現在，而現在不及掌握，忽焉又變成了過去。

由三卦的卦辭看，《易經》最重視的應該還是現在。隨卦卦辭為：「元亨利貞，無咎。」「元亨利貞」為乾卦天德的象徵，開創、亨通、獲利、固守，終而復始，生生不息。人隨時變化、與時俱進，完全合乎自然真理。「無咎」二字也是《易經》崇尚的人生境界，不怨天尤人，不出差錯，永遠立於不敗之地。〈繫辭傳〉稱：「懼以終始，其要無咎，此之謂《易》之道也。」表示吉凶勝負往往只是一時的得失，無咎才是恒常的處世之道。〈繫辭傳〉又稱：「無咎者，善補過也。」欲求無咎，只有隨時受教，隨時調整。

〈雜卦傳〉稱隨卦為「無故」。「故」指的是過去所作所為的陳跡；「無故」即指不拘泥過去、不背歷史包袱，一切以當下的現實為重，作出最機敏的回應。〈雜卦傳〉有三故：「隨無故」、「豐多故」、「革去故」。資源豐厚表示過去經營有成，但也可能成為甩不掉的沉重包袱，維持保有不易，所以豐卦（䷶）之後接旅卦，極可能失去一切，亡命天涯。革命就是對既有的現狀不滿，過去的東西完全不要，重新歸零打造，革、隨二卦卦辭皆有「元亨利貞」，「去故」、「無故」，往者已矣，來者可追，人生眷戀過去，必然妨害創新。

蠱卦緊接隨卦之後，表示隨著時間的流逝，一切的東西都會趨於敗壞，生老病死，成住壞空，本是再自然不過的法則。卦辭中有「元亨利」，獨欠「貞」字，「貞」為固守不變，欠貞正顯示不可能固守得住，拘執、眷戀都沒有用。總一而論，面對傳統最正確的態度，還是棄糟粕、取精華，進行創造性地轉化，讓它在現世發揮作用，甚至影響未來，蠱卦主旨即在於此。

《易經》本以預測見長，對未來形勢發展高度關切，預測若能絕對精確，及早做周全準備，發動群眾全力以赴，人生願景自可實現。自然界日月星辰的運行有其常軌，四季更迭少有差錯，精熟天文知識後，可充分預測。人間行事錯綜複雜，人情人性深微奧妙，精確預測就十分困難。因此，豫卦之後必接隨卦，預估一旦失誤，就得根據實況迅速調整。當然，隨卦之前也必須有豫卦，人生對未來不能漫無目標和計畫，只是目標不宜訂得太死，應注意事態的發展，永遠保留應變的彈性。

繼豫、隨、蠱三卦之後，為臨（䷒）、觀（䷓）二卦。君臨天下、觀察世事，必須對過去、現在及未來都有深刻的認識及精確的掌握，才會有卓越的表現。

《金剛經》有言：「過去心不可得，現在心不可得，未來心不可得。」人生在世，多少憂悲愁苦，皆緣於對時間流逝的執著，豫、隨、蠱三卦所蘊含的深層義理，真正值得好好研究。

易學小教室

河圖

（一）河圖之象

河圖洛書是中華文化、《易經》八卦和陰陽五行術數之源。相傳在上古時期，龍馬負圖出於黃河，伏羲依此創「先天八卦」；在《山海經》中說「伏羲得河圖，夏人因之，曰《連山》」。後世的人們以「河出圖」象徵太平社會的祥瑞。

河圖是用十個黑白圓點來表示陰陽、五行、四象的，其圖為四方形（下圖）。分別為：北方是一個白點在內，河圖六個黑點在外，五行為水，象為玄武；南方是七個白點在外，兩個黑點在內，五行為火，象為朱雀；東方是三個白點在內，八個黑點在外，五行為木，象為青龍；西方是九個白點在外，四個黑點在內，五行為金，象為白虎；

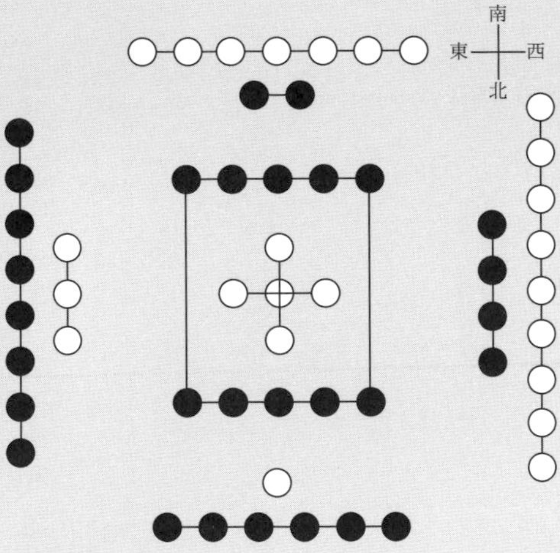

河圖

中央是五個白點在內，十個黑點在外，表示時空起點，五行為土。其中，白點為單數（奇數）為陽，黑點為雙數（偶數）為陰，陽數相加為二十五，陰數相加為三十，陰陽相加共為五十五，即萬物之數皆由陰陽（天地）之數化生而來；「四象」按古人坐北朝南的方向為正位依次是：前朱雀、後玄武、左青龍、右白虎，為風水象形之源。

（二）河圖之數——天地、萬物、五行

天地之數　河圖共有十個數：一、二、三、四、五、六、七、八、九、十。其中一、三、五、七、九為陽，為天數，二、四、六、八、十為陰，為地數。陽數和為二十五，陰數和為三十，陰陽相加為五十五。〈繫辭傳〉云「天地之數五十有五」，即天地之數為五十五，「此所以成變化而行鬼神也」，即萬物之數皆由天地之數化生而已。

萬物生存之數　天一生水，地六成之；地二生火，天七成之；天三生木，地八成之；地四生金，天九成之；天五生土，地十成之。所以一、二、三、四、五分別為水、火、木、金、土之生數。六、七、八、九、十分別為水、火、木、金、土之成數。萬物有生數，當生之時方能生；萬物有成數，能成之時方能成。所以，萬物生存皆有其數也。

五行之數　即生數，就是水一、火二、木三、金四、土五，也叫小衍之數。一、三、五為陽數，其和為九，故九為陽極之數。二、四為陰數，其和為六，故六為陰之極數。陰陽之數合而為十五數，故化為洛書則縱橫皆十五數，乃陰陽五行之數也。

大衍之數　大衍之數五十即五行乘土之成數十，同時也是天地之數的用數。天地之數五十五，減去小衍之數五得大衍之數五十，其中小衍為天地之體數，大衍為天地之用數。所謂「大衍之數五十，其用四十有九」，就是用大衍之數預測的占筮之法：以一為體，四十九為用，故其用「四十有九」。

天干交合之數　河圖之數十，乃十天干之數也。交合之數為：一、六共宗，二、七同道，三、八為朋，四、九為友，五、十同德。正是萬物生存之數。所以甲己合為一、六共宗，乙庚合為二、七同道，丙辛合為三、八為朋，丁壬合為四、九為友，戊癸合為五、十同德。十天干經交合之後，化為天干交合之五行，將河圖五行之體化為天干五行之用。

六甲納音之數　天地之數五十五加上五行之數五，合化為六十甲子五行納音之數。十天干之陰陽五行與萬物相交，同氣相求，同聲相應各發出十二種聲音，無聲無音不計，按河圖北、東、南、西、中成象五位五行共六十納音，乃天地五行聲音之數也。

（三）河圖之理

左旋　坐北朝南，左東右西，水生木、木生火、火生土、土生金、金生水，為五行左旋相生。中心不動，一、三、五、七、九為陽數左旋；二、四、六、八、十為陰數左旋；皆為順時針旋轉，為五行萬物相生之運行。我們知道，銀河系等各星系俯視皆右旋，仰視皆左旋。所以，「生氣上轉，如羊角而升也」，故順天而行是左旋，逆天而行是右旋。所以順生逆死，左旋主生也。

象形　河圖本是星圖，其用為地理，故在天為象，在地成形也。在天為象乃三垣二十八宿，在地成形則青龍、白虎、朱雀、玄武、明堂。天之象為風為氣，地之形為龍為水，故為風水。乃天星之運，地形之氣也。

五行　河圖定五行先天之位，東木西金，南火北水，中間土。五行左旋而生，中土自旋。故河圖五行相生，乃萬物相生之理也。土為德為中，故五行運動先天有好生之德也。

陰陽　土為中為陰，四象在外為陽，此內外陰陽之理；木火相生為陽，金水相生為陰，乃陰陽水火既濟之理；五行中各有陰陽相交，生生不息，乃陰陽互根同源之理；中土為靜，外四象為動，乃陰陽動靜之理。若將河圖方形化為圓形，木火為陽，金水為陰，陰土陽土各為黑白魚眼，就是太極圖了。此時水為太陰，火為太陽，木為少陽，金為少陰，乃太極四象也。故河圖乃陰陽之用，易象之源也。易卜乃陰陽三才之顯也。

先天　什麼叫先天？人以天為天，天以人為天，人被天制之時，人是天之屬，人同一於天，無所謂人，此時之天為先天；人能識天之時，且能逆天而行，人就是天，乃天之天，故為後天。先天之理，五行萬物相生相制，以生發為主。後天之理，五行萬物相克相制，以滅亡為主。河圖之理，土在中間生合萬物，左旋動而相生，由於土在中間，相對克受阻，故先天之理，左行螺旋而生也。又，河圖之理為方為靜，故河圖主靜也。

56 《易經》動物園——《易經》的豐富意象

《易經》的智慧起於自然觀察，仰觀天象，俯察地理，山川草木、鳥獸蟲魚，都深蘊自然之理。不僅八卦直接取象於天地雷風水火山澤，卦、爻辭中亦有大量動、植物的意象，敘理活潑，取象靈活，值得深入玩味。

〈說卦傳〉中稱乾為馬、坤為牛、坎為豕、兌為羊，只是個寬泛的規定，卦爻實際取象並未嚴格遵行。不過，這四種動物出現的頻率確實相當高。

馬主要取健行之義，乾卦「天行健」，故以乾為馬，但乾卦經文其實並未出現馬象，反而以龍喻之。坤卦卦辭沒提牛，卻以牝馬（即雌馬）為象，表示跟乾卦的牡馬（即雄馬）並駕齊驅，配合無間。屯卦（䷂）為乾坤交合後第一卦，爻辭中三見「乘馬班如」之辭，新生小馬在一片草莽中欲奔向何方，頗費躊躇。

賁卦（䷕）重文飾，所謂官樣文章，故其六爻依序以官場生涯為喻，講一個社會化的歷程。虛偽應酬多了，人會嚮往清新，回歸樸實，故賁卦第四爻身居中央執政高位，爻辭中卻稱「白馬翰如」，馬行如飛，代表沒有馱負重擔，無事一身輕，潔白無染，逍遙自在。

大畜卦（䷙）多方學習，拼命造就自己，以圖大事，其第三爻爻辭稱：「良馬逐，利艱貞。」一雖已有千里駒的架勢，接受魔鬼訓練仍不稍懈怠。

晉卦（䷢）明明德，將天賦的善性發揚光大，卦象為旭日東昇，卦辭則以良馬交配、生出更多小馬為喻，以善引善，精進不息。接下來的明夷卦（䷣）為日落之象，二爻左股受傷，須用壯馬來拯救，這匹壯馬不正是晉卦的小馬長大了嗎？人一旦修持成功，處黑暗亂世仍可一心不亂，大慈大悲，自救救人。

明夷卦後為家人（䷤）、睽（䷥）二卦，內部有分裂的危機。睽卦初爻稱：「喪馬勿逐，自復。」意思是家中養的馬跑掉了，不要急著去追，好好深自檢討改善，跑掉的馬還可能回頭。這不正是孟子所謂「學問之道無它，求其放心而已矣」嗎？

牛主要取吃苦耐勞、負重行遠之義，正合坤卦柔順執行的功能，坤卦本身雖未言牛，有柔順之德的離卦（䷝）即以牝牛為象，卦辭稱「畜牝牛吉」。離也有縱橫交錯的網罟之象，人類文明由結網漁獵的生活方式開始，而畜牧、農耕、工業、商業，到現在的資訊時代，無非都是構築有形、無形的網路，以畜養資源，創造財富。

无妄卦（䷘）第三爻以牧人放牛，因管理疏忽被過路人順手牽牛的故事，闡明无妄之災的觀念，養牛還真不容易，什麼意外都可能發生。大畜卦第四爻為了防患未然，給小牛戴上木架子，免得牛角亂長，將來衝撞起來不好應付。

遯卦（䷠）第二爻、革卦（䷰）初爻，皆用黃牛皮做的革繩來綁束西，使其不致移動。遯卦二爻直陳人被套牢時，想跑也跑不了的辛酸；革卦初爻則諄諄告誡，推動重大改革者，可不能一開始就輕舉妄動。

睽卦第三爻因上下不和，鬧罷工，老牛不肯再拉破車，怎麼鞭策也不就範。旅卦（䷷）上爻姿態過高，外鄉人欺負本地人，結果養的牛被人拖去殺了，徹底喪失了居留權。

大壯卦（䷡）血氣方剛，好勇鬥狠，三爻、上爻以公羊牴觸藩籬為象，形容進退失據的窘狀，五爻還提到羊喪命的情境。大壯卦四陽二陰，陽剛之氣太甚，亂衝亂撞，遂惹禍上身。羊同「陽」，喪羊即喪陽，真不是好的景象。

遯卦和大壯卦正好顛倒，陰氣漸盛，以小豬跑路為象，初爻講豬尾巴，上爻講大豬頭，搖頭擺尾，吃得腦滿腸肥才走，形容真是生動。姤卦（䷫）一陰潛起於五陽之下，以陰長陽消的順序而論，算是遯卦的前身，初爻即出現一頭瘦豬浮躁躑躅的情景。由「姤」而「遯」，陰柔的勢力大增，瘦豬養大成了胖豬。《易經》以羊喻陽，以豬喻陰，警示人生行事得小心豬羊變色。

大畜卦五爻將一頭有大獠牙的野豬去勢，以馴服其兇殘之性，擒賊擒王，外科手術切除精準無比。睽卦上爻在徹底孤立、疑神疑鬼的心態下，居然將對方看成了一頭渾身泥濘的豬，拉開了弓箭要射，真是偏激得可以！其實對方是人不是豬，身上的泥巴也是抹黑的，彼此對立仇視到這個地步，看來和平共存已無可能。

陰柔勢力的滋長，除了蠢動的豬，《易經》中往往也以遊動滑溜的魚來作為象徵。姤卦初爻一陰在五陽之下，亟思往上發展，突破陽爻的鎮壓封鎖，二爻、四爻全力圍堵，爻辭即稱「包有魚」、「包無魚」，包住了即沒事，包不住可就麻煩了。

剝卦（䷖）五陰剝一陽，陰暗勢力漲到最高點，居君位的五爻統率群陰，盱衡全局，做了鬆手制衡的睿智處理，不再緊逼孤陽，虛尊對方以獲取更高的利益，其爻辭即稱「貫魚」。

萬獸之王的老虎也是《易經》中常用的象徵。履卦（䷉）「履虎尾」，革卦五爻「大人虎變」，頤卦（䷚）四爻「虎視眈眈，其欲逐逐」，生活在這個弱肉強食、霸權爭奪的世界，人應如何自處？

中孚（䷼）、小過（䷽）二卦全是鳥類孵育、習飛的意象，漸卦（䷴）鴻雁齊飛，旅卦五爻射雉、上爻鳥焚其巢，解卦上爻射隼。另外，既濟（䷾）、未濟卦（䷿）有小狐狸渡河，解卦（䷧）二爻「田獲三狐」，晉卦四爻鼠輩竊據高位，頤卦初爻靈龜為猛虎所噬，損（䷨）、益（䷩）二卦用大龜占卜以請示天意，革卦上爻還有君子豹變。在《易經》作者的生花妙筆下，呈現出好一片喧囂熱鬧的花花世界！

易學小教室

洛書

（一）洛書之象

洛書古稱龜書，傳說大禹治水時，有神龜出於洛水，其甲殼上有此圖像，結構是戴九履一、左三右七、二四為肩、六八為足、以五居中，五方白圈皆陽數，四隅黑點為陰數（見左圖）。

（二）洛書與九宮

洛書是術數中乘法的起源，與九宮有著密不可分的關係，如下頁右表。（口訣：一數坎兮二數坤，三震四巽數中分。五為中宮六乾是，七兌八艮九離門。）

（三）洛書與後天八卦

河洛文化是我國初民適用於日常生活、農業

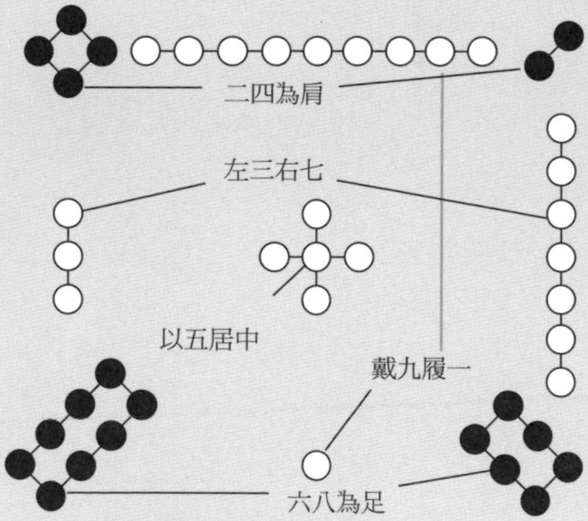

二四為肩
左三右七
以五居中
戴九履一
六八為足

洛書

生產、天文、時令、醫學、占卜預測學的一種工具。我國初民為適應於農業生產，將洛書分為九宮。太乙居中，一年運行八宮。八宮的名稱依春夏秋冬一年流轉的時序分別是：冬至、坎宮、驚蟄；立春、艮宮、天留；春分、震宮、倉門；立夏、巽宮、陰洛；夏至、離宮、上天；立秋、坤宮、玄委；秋分、兌宮、倉果；立冬、乾宮、新洛。如配以八卦方位則屬於文王後天八卦（左下圖）。

（四）和諧平衡的象徵

在我國，古代文化中無不打上洛書的印記，因為洛書是和諧、平衡的象徵。《周髀算經》中有這樣一句話：「洛書者，圓之象也。」洛書使用數字構造出的一個「圓之象」。宋人的解釋是：洛書橫、豎、斜的數之和都是十五，九個數的和是四十五，是十五的三倍，符合「圓者一圍

巽 ☴ 四	離 ☲ 九	坤 ☷ 二
震 ☳ 三	中 五	兌 ☱ 七
艮 ☶ 八	坎 ☵ 一	乾 ☰ 六

九宮圖

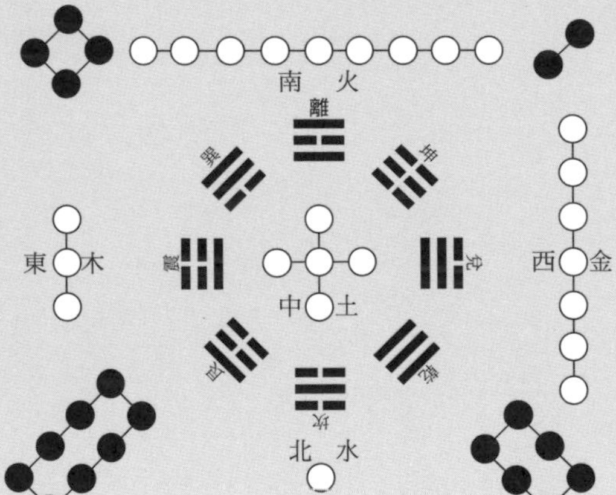

洛書與後天八卦

三」。還有一個解釋是：洛書不管怎樣擺，不管從哪個角度數，其直線上的和都是一個固定數，而這正是圓的直徑的特點。

在我國古代圓表示著包容、和諧，同時表明在包容中和諧的圖形，是初民模擬一個最基本的平衡體系過程中的產物，也就是通過內部黑（陰）白（陽）的調節，使條條線線都能協調起來，達到一種穩定狀態。如果進一步來說，洛書本身是方形的，又是「圓之象」，正是《周髀算經》中所說的「天圓地方」概念的一個投影。整個人類世界包容在這「天圓地方」之中，而「天圓地方」本身就是一個最大的平衡體系。

57

《易經》植物園——困卦與自然的啟示

孔子鼓勵人學《詩經》，除了可以興、觀、群、怨的大道理外，還可以多認識草木鳥獸之名。《易經》也是一樣，卦、爻辭中所引用的動、植物生態，取象精妙，含意深遠，令人玩味歎賞不已。

上經卦序的安排，由屯卦（䷂）的新苗出土、蒙卦（䷃）的蔓草叢生，到賁卦（䷕）的滿山花開、萬紫千紅，以及剝卦（䷖）的碩果不食、復卦（䷗）的嘉種入土重生，已充分顯示植物一系列的生命歷程。

泰（䷊）、否（䷋）二卦的初爻，爻辭皆以根相牽引、大把大把的茅草叢為象，無論興利或除害，拔除時都得全盤考量，整體規劃。否卦君位的五爻居安思危，強調「繫於苞桑」，叢生的桑樹根深柢固，象徵領導人必須用心經營基層，民為邦本，本固邦寧。

夬（䷪）、姤（䷫）二卦相連，陰陽之間的互動非常微妙。夬卦居君位的五爻被陰柔的上爻糾纏，若不下定決心斬斷情緣，很難昭信於天下。爻辭以莧陸為象，莧陸是一種野菜，又稱馬齒莧，居陰濕之地，卻性喜陽光，一般在夏日清晨開花，過午即急速凋零，就算採摘下來想培養，一離開母株，也會了無生趣、奄奄一息。鄉下農家養豬，常採莧菜餵食，不但小豬仔吃後長得快又壯，母豬也能分泌更多乳汁供豬仔吃，故而俗稱豬母乳草。

夬卦顛倒來看，正是姤卦，夬卦五爻與上爻間的曖昧關係，和姤卦初爻及二爻的關係相似。姤本有外遇之義，初爻若成功勾搭上二爻，即可汲取陽剛的資源，以壯大成長。姤卦初爻那頭饑渴瘦弱的豬，一旦吃了莧菜，就會迅速長成大豬，再難制伏。而莧花雖迷戀陽光，生命卻出奇短暫，正象徵出軌激情的易逝。耐人尋味的是，莧菜生長的時間約當每年陰曆三到五月，正和夬、姤二卦的消息月對應相當，可見《易經》的作者取象完全因應自然。

姤卦居君位的五爻，也受初爻蠢動的影響，頗思據為禁臠，包養獨佔，爻辭稱「以杞包瓜」。枸杞樹為低矮灌木，枝條細長有棘刺，層層交錯相掩，一些藤蔓類的瓜往往攀附其中，與之形成共生；待瓜熟蒂落之時，由於杞樹枝葉的庇蔭隔絕了外部的侵擾，其他動物無所染指。一般所謂金屋藏嬌、獨占花魁，正是此喻所指。

困卦（䷮）三陰三陽交相困，爻辭中也有精彩的描寫：初爻困於幽谷中的株木，三爻據於多刺的蒺藜，上爻困於藤蔓般的葛藟。困卦之前為升卦（䷭），有地中生木、幼苗長成大樹之象。「升而不已必困」，代表成長過度招致浩劫，從雲端跌入谷底，只能困坐於殘斷的樹根基座上，守株待兔，苦思脫困的對策。蒺藜常蔓生於乾燥的荒廢沙地上，莖平臥，果實繁生有銳刺，若不慎踩到會痛徹心扉。葛藟的嫩枝有捲鬚，常攀附樹枝往上蔓生至樹冠。蒺藜和葛藟均象徵兩性間的不正常關係，情欲糾纏不清，擺脫也很不容易。

大過卦（䷛）上兌為澤、下巽為柔軟之木，有澤水淹滅其旁樹木之象，象徵男女縱欲過度，即為大過。大過卦六爻皆有情色之象：初爻以白茅鋪地，野外苟合；二爻枯楊生新芽，五爻枯楊還開花，十足的水性楊花。

大過卦之後為險象環生的坎卦（䷜），坎險之極的上爻真像無間地獄的情景：受極粗的繩索捆綁，丟到長滿荊棘叢的坑穴中，長達三年之久而不得解脫。這一切的一切，還是由於本身造業太多，所招致的因果報應啊！

易學小教室

四象

四象屬於我國傳統文化範疇。古人把東、南、西、北四方每一方的七宿想像為四種動物形象，叫做「四象」。

東方七宿，如同飛舞在春天初夏夜空的巨龍，故而稱為「東宮蒼龍（青龍）」；北方七宿似蛇、龜出現在夏天秋初的夜空，故而稱為「北宮玄武」；西方七宿猶猛虎躍出深秋初冬的夜空，故而稱為「西宮白虎」；南方七宿像一隻展翅飛翔的朱雀，出現在寒冬早春的夜空，故而稱為「南宮朱雀」。

青龍 原為古老神話中的東方之神，東方七宿星君四象之一。為二十八宿的東方七宿（角、亢、氐、房、心、尾、箕），其形像龍，位於東方，屬木，色青，總稱青龍，又名蒼龍。其形象見於《道門通教必用集》：「東方龍角亢之精，吐雲郁氣，喊雷發聲，飛翔八極，周遊四冥，來立吾左。」此外，道教還將其用於煉丹術語，援引《古經》「四神之丹」稱：「青龍者，東方甲乙木水銀也，澄之不清，攪之不濁，近不可取，遠不可舍，潛藏變化無盡，故言龍也。」

白虎 原為古老神話中的西方之神，西方七宿星君四象之一。為二十八宿的西方七宿（奎、婁、胃、昴、畢、觜、參），其形像虎，位於西方，屬金，色白，總稱白虎。至於其形象，《道門通教必用集》云：「西方白虎上應觜宿，英英素質，肅肅清音，威懾禽獸，嘯動山林，來立吾右。」同時，道教亦將其用於煉丹術語，援引《古經》「四神之丹」稱：「白虎者，西方庚辛金白金也，得真一之位。《經》云：『子若得一萬事畢，淑女之異名，五行感化，至精之所致也。其伏不動，故稱之為虎也。』」

朱雀　原為古老神話中的南方之神，南方七宿星君四象之一。為二十八宿的南方七宿（井、鬼、柳、星、張、翼、軫），其形像鳥，位於南方，屬火，色赤，總稱朱雀，亦名「朱鳥」。至於其形象，《道門通教必用集》云：「南方朱雀，從禽之長，丹穴化生，碧雷流響，奇彩五色，神儀六象，來導吾前。」同時，道教也將其用於煉丹術語，援引《古經》「四神之丹」稱：「朱雀者，南方丙丁火朱砂也，刨液成龍，結氣成鳥，其氣騰而為天，其質陣而為地，所以為大丹之本也，見火即飛，故得朱雀之稱也。」

玄武　原為古老神話中的北方之神，北方七宿星君四象之一。為二十八宿的北方七宿（斗、牛、女、虛、危、室、壁），其形像龜，亦稱龜蛇合體，位於北方，屬水，色玄，總稱「玄武」。其形象載於《道門通教必用集》：「北方玄武，太陰化生，虛危表質，龜蛇台形，盤遊九地，統攝萬靈，來從吾右。」同時，道教也將其用於煉丹術語，援引《古經》「四神之丹」稱：「玄武者，北方壬癸水黑汞也，能柔能剛。《經》云：『上善若水。非鉛非錫非眾石之類，水乃河東神水，生乎天地之先，至藥不可暫舍，能養育萬物，故稱玄武也。』」

唯變所適

《易經》的現代意義

58

情色易——人之大欲

前些年，我在授《易》課程的最後一堂，會以「好德如好色」為題，講所謂「情色易」。正規的六十四卦講解可能太嚴肅，微言大義許多人也不甚了了，缺課或半途而廢的不少。唯獨末堂課人氣鼎盛，還有呼朋引伴或邀眷參加的，看來飲食男女真是人之大欲，不認真面對不行。

至聖如孔老夫子，亦曾對此發表看法：「天地絪縕，萬物化醇；男女構精，萬物化生。」（〈繫辭下傳〉第五章）展現了自然開通的性態度。《易經》基本上就是在處理陰陽互動的問題，爻的符號即象徵陽根和女陰，每卦每爻若以情色觀點視之，真是頭頭是道，充滿了對人體身心結構的洞識。

泰、否二卦討論天地交或不交，坤上乾下為泰（䷊），乾上坤下為否（䷋），這與交合體位有關。泰極否來，顯示歡樂短暫易逝，從高峰急速降到谷底，很長一段時間才慢慢恢復，也完全符合兩性的身心反應。泰卦卦辭稱「小往大來」，否卦卦辭稱「大往小來」，陽大陰小，往來推移互動，說得更是具象；泰卦四爻爻辭言「翩翩」，從高峰滑落那種飄飄欲仙的感覺，可謂躍然紙上。

泰極否來是常態，若想創造連續高潮以增進情趣，就得下斟酌損益的功夫；泰時須懲忿窒欲，才能化否為益，動進不窮。損（䷨）、益（䷩）二卦之後，接夬、姤二卦。夬為剛決柔，姤為柔遇剛，又是一體兩面、動靜相因的精彩過招。夬卦（䷪）澤上於天，有積久宣洩之象；姤卦（䷫）一陰蠢動於五陽之下，魅力驚人。夬卦卦辭稱「不利即戎，利有攸往」，注意戒急用忍；姤卦卦辭稱「女壯」，可見一斑。

咸（䷞）、恒（䷟）二卦分別與損、益二卦相錯，代表咸時須損，恒才獲益。〈雜卦傳〉稱「咸速而恒久」，意指感應雖速，操作須久，才能弭平兩性反應的時間差。所以咸卦君位的五爻須力持冷靜，而恒卦五爻爻辭稱「婦人吉」、「夫子凶」，三爻甚至直言若不能持久，會承受羞辱。臨（䷒）、遯（䷠）二卦相錯，陰陽互動亦強調浸而長，慢慢浸潤滲透，才能發展得好，太急了不行。

大壯卦（䷡）四陽凌逼二陰，血氣方剛，最易衝動，一味強攻猛進，反易折損消耗，也達不到雙方喜樂的效果。三爻以發情的公羊為喻，羊角卡在藩籬裡，把角碰傷了；上爻更妙，既不能達到目的，也不能抽身後退，只好卡在那裡，徐尋對策。想想看，這在說什麼？

需卦（䷄）雖有需求，不宜躁進，得一步一步來。初爻稱「利用恒」，作持久打算；四爻「出自穴」，上爻「入于穴」，又稱「有不速之客三人來」，遂滿足所需，說得真是露骨。

震卦（䷲）主動，為乾父坤母交合、一索得男的長子之象，「震」字上雨下辰，行雲佈雨還得看時辰，頗有優生考量。初爻震動合宜，爻辭稱「笑言啞啞，吉」，顯然男女盡歡；上爻再而衰，三而竭，手腳不聽使喚，稱「震索索」、「婚媾有言」，伴侶極不滿意，冷嘲熱諷。

小畜卦（䷈）密雲不雨，陰陽互動很不和諧，必須培養信心，尋求化解之道。三爻夫妻反目，關係緊張；四爻「有孚」、五爻「有孚攣如」，緊密相擁，合為一體。上爻終於雨散雲收，丈夫難以為繼，妻子卻還意猶未盡，合歡何其不易？

夬卦四爻、姤卦三爻還探討到同性戀的問題，爻辭皆稱：「臀無膚，其行次且。」「次」是暫時停留、權充住處之意，旅館即稱旅次；「且」字即為勃起的陽具，同志之愛只能選用這種方式。觀爻辭之意，似乎擔心安全衛生，然斷袖之癖自古有之，也不便表態反對。

夬卦、萃卦（䷬）的陰陽互動，皆有呼號之辭，渙卦（䷺）五爻且稱「渙汗其大號」，大聲叫喊、熱汗淋漓，也是男歡女愛常見的表現。咸卦少男少女初試雲雨，六爻全在身體各部位作文章；恒卦老夫老妻，性趣衰退，六爻中身體意象完全不見，只剩下些單調乏味的準則。大過卦（䷛）十足情色，顛狂烈愛，伊於胡底。

中華文化在飲食男女方面，其實很下功夫研究，值得開發致用。中國菜烹調一流，享譽世界，早成共識。中國情色一樣有「滿漢全席」，過去在帝王宮闈裡密傳甚多，如今時代變遷，亦可正面看待，開發致用，使庶民受惠。

59 價值鏈——企業經營的策略

當代談競爭力的大師麥可・波特（Michael E. Porter）以策略管理的觀點，將企業的產銷活動分出六個階段，每個階段都創造出一定的價值，稱作價值鏈（value chain）。我有位學生將價值鏈概念與《易經》一卦六爻的模型類比，得到初步的研究成績。

六爻由下而上、從內卦到外卦，依序對應價值鏈的六個階段：初爻處地下之位，為生產要素或原料；二爻居內卦中心，為開發原料的技術知識（knowhow）；三爻為實際的生產製造程序（production），產品面至此已然完備；四爻進入外卦，為行銷管道或物流系統（logistics）；五爻屬君位，對外代表企業品牌，如IBM、Wal-Mart（沃爾瑪）、Coca-Cola（可口可樂）、Microsoft（微軟）等；上爻為客戶服務，是現代企業重要的致勝關鍵。

以困卦（䷮）而論，為三陰三陽的結構，二、四、五爻為陽，初、三、上爻為陰，基於陽強陰弱的本質，用價值鏈的觀點分析，可得如下結論：生產技術、行銷系統及品牌均強大有實力，但原料供應已缺，影響生產製造，而且客戶服務的水準也低弱。這樣的公司已陷困境，須謀求轉型以求新求變。舉例來說，由於石油的蘊藏終將用盡，許多老大顯赫的石油公司不得不未雨綢繆，另謀出路。困卦之後為井，井卦（䷯）之後為革（䷰），正點出了未來的經營方向。

井卦開發潛在的新資源，備嘗辛苦。三爻的井水水質雖已浚渫改善，仍乏人光顧，故得積極爭取有實力者支援，以免暴殄天物；四爻佈建行銷配送網路，小心準備量產上市；五爻井水噴出，供應廣大群眾飲用，研發終獲成功；上爻提醒管理者勿蓋上井蓋，以備口渴者夜裡不時之需，如此貼心服務，必可確立商譽，才是真正的大功告成。一般全天營業、全年無休的便利商店，以及金融機構的自動提款機等，便是井卦上爻原理的實現。

隨卦（䷐）內震外兌，內心雖有主張，外表仍和顏悅色，笑臉迎人，藉著隨時隨地的親切服務，以拉攏客戶。隨卦上爻展現其卦旨的極致，深得客戶歡心，無論轉往何處，客戶都緊緊相隨，企業一旦擁有這樣的品牌忠誠度，必定大大成功。

需卦（䷄）供應客戶所需，雖在計畫之外仍竭誠招待，故上爻爻辭稱：「有不速之客三人來，敬之，終吉。」

最後再看頤卦（䷚）。頤卦供養眾生，上下二陽爻剛實有力，中間四陰爻虛弱待養，形成一個封閉而自給自足的生態世界。初爻以靈龜為象，自食其力，四爻虎視眈眈，弱肉強食。初爻爻變成剝卦（䷖），飽受猛虎剝削；四爻爻變為噬嗑卦（䷔），大快朵頤，絲毫不掩飾貪婪的欲望。

在商業世界中，這種掠奪的關係非常普遍，個人或小公司的研發成果，往往被超大型公司收購或騙取，結果強者愈強，弱者愈弱，雖然不平抗告，也無力改善情況。初爻雖為潛在的生產要素，四爻卻掌握綿密的行銷通路，而四爻之所以無往不利，按頤卦〈小象傳〉的分析，主要是得到上爻的強力支持；上爻代表客戶服務，對廣大的消費者來講，只在乎供應的便利無缺，誰管你產銷之間的糾葛和矛盾？

60

危機管理——成敗關鍵點

目前世界政經關係複雜，人心不寧，工作及生活的壓力甚大，何時會爆發危機很難預料，而二〇〇一年「九一一」恐怖攻擊事件，以及二〇〇八年九一五爆發的全球金融風暴，更徹底改變了世人對所謂安全的看法。天下之大，仍可能無處容身，因此，危機處理或擴大延伸成危機防治，已愈來愈受到重視。天有不測風雲，人有旦夕禍福，凡事多加小心總不會錯。

「機」這個字，在《易經》中通常指極短暫的時間，當機立斷、隨機應變、見機而作，此間容不得稍事猶豫；機也是形勢變化曲線上的轉捩點，機前機後，會有極大的反差。

《易》卦中最切近危機管理的，應為姤卦（䷫），五陽下一陰生，不及時處理，全局都會動搖。「姤」有邂逅之意，代表不期而遇，事先很難料想到。姤卦之前為夬卦（䷪），上卦兌為澤、下卦乾為天，澤上於天，象徵水量蓄積過多，壩體產生裂縫，可能一潰而決；姤之後為萃卦（䷬），代表危機一旦爆發，必須聚精會神調度各方精英，全力防堵化解。危機有瞬間擴大的特性，例如，星星之火，可以燎原，為免引發連鎖反應，或一倒全倒的骨牌效應，得在第一時間現場處置，並對全體發出警告。

姤卦卦辭稱：「女壯，勿用取女。」〈大象傳〉稱：「天下有風，后以施命誥四方。」〈彖傳〉末則總結：「姤之時義大矣哉！」面對危機，充滿了戒慎恐懼之情。

姤卦初爻即顯露騷動之源，像狂飆的馬車、饑渴浮躁的瘦豬、滑溜亂竄的游魚，須速踩剎車、網住魚群、圈起瘦豬，以免危機進一步惡化。二爻稱「包有魚，無咎」，四爻稱「包無魚，起凶」；二爻緊接初爻之後，現場果斷處理，遂保平安，而四爻時空錯位，反應太慢，禍起不救。當然，最好在初爻階段就能自我克制。姤卦初爻爻辭稱「繫于金柅，貞吉」，金柅即金屬做的剎車器，堅定而靈敏，絕不允許情勢失控。

五爻居君位，高瞻遠矚，監控全局，面對初爻的蠢動，並不直接介入，而是調度二爻及四爻的力量加以圍堵，設下天羅地網，俟機一舉成擒；爻辭稱：「以杞包瓜，含章，有隕自天。」初爻就像地上蔓生的瓜，順枝纏繞，五爻則似枝椏錯結、上生棘刺的杞樹，順勢覆蓋，將瓜納入全面控管的範圍。「章」指心知肚明、自有應對的章法結構，「含章」表示韜光養晦、高度自制的忍耐力。口中含著東西，久而自化，既不吐掉，又不吞下，就等瓜熟蒂落之際出手摘除，徹底殲滅。五爻爻變成鼎卦（䷱），革故鼎新，代表非常破壞之後，繼之以非常建設。

因此，長期從大局來看，姤卦也未必是壞事，處置得宜，危機就是轉機，毀滅的另外一面就是創造。姤卦〈彖傳〉稱：「天地相遇，品物咸章，剛遇中正，天下大行。」「含章」成了「咸章」。姤卦六爻全變，其錯卦恰為復卦（䷗），剝極而復，萬象更新！

61

大易君王論——領導的智慧

《易經》一卦六爻，可用以代表從基層到高層的組織結構，五爻為君位，負責領導統御，爻辭所言即其統治風格，以及在不同情勢下的最佳對策。六十四卦中的五爻陰陽各半，分別代表剛健強勢或柔和包容的特性，其利弊得失，可見於乾坤二卦的基本分析。

乾卦五爻稱：「飛龍在天，利見大人。」強勢的領袖精明幹練，雄才大略，指揮一切，但須碰到好的執行幹部配合，才會相得益彰，產生績效。不然，極可能剛愎自用、獨裁專斷，而走上「亢龍有悔」之路。

坤卦五爻稱：「黃裳，元吉。」黃是中道的象徵，溫和明亮、厚實包容，古代帝王龍袍尚黃，以示尊貴無比。裳是下衣，不稱「黃衣」而稱「黃裳」，寓有謙和待下、重視民意之義。此類領袖懂得授權部屬參與政務，集合眾人之智以解決問題，才能激發創意及幹勁，使組織生氣勃勃。乾卦六爻不見「吉」字，而坤卦五爻不僅稱吉，還多一「元」字，可見柔性領導深受《易經》作者的肯定。君臨天下的臨卦（䷒）、掌權以推動國家建設的鼎卦（䷱）、國泰民安的泰卦（䷊）、豐功偉業的豐卦（䷶）等，君位皆是陰爻而非陽爻，為柔性領導的顯例。

針對權力過度集中，以及強勢領導可能造成的弊病，乾卦還提出了「用九，見群龍無首」的終極化解之道——如果社會進步，教育普及，大家都成龍的話，還需要「首」做什麼呢？人人自我做主，必要時皆可獨當一面，才能將組織的風險降到最低，一旦飛龍出事，人人皆能替補得上，這樣就不怕敵人擒賊擒王的斬首攻擊。同樣，金字塔形官僚層級結構的顢頇笨重，也遠不如一體平鋪的網狀組織來得效率高，反應快。

話說回來，這並非指柔性領導必定優於強勢領導統御，而必須視情況而定。例如，屯卦（䷂）創業維艱、革卦（䷰）挑戰當權，都需要膽識俱佳的草莽英雄來帶領，這二者的君位都是陽爻而非陰爻。

領袖位據極頂，盱衡大局，一切以組織全體的長期利益為依歸，不宜感情用事，更不可摻雜個人利益的考量，所謂政心無情，高處不勝寒的孤寂在所難免。

履卦（䷉）各爻在不同層級上履行職責，重視組織倫理與互動的和諧，但處君位的五爻卻不然，爻辭稱：「夬履，貞厲。」「夬」同「決」，表示領導人的天職就是作出正確的決策，並堅定不移地貫徹到底，有時難免力排眾議，乾綱獨斷。五爻爻變成睽卦，顯示在和樂相處一如家人的組織中，大家長卻為人所敬畏，形同孤立。

咸（䷞）、兌（䷹）二卦頗動感情，但其五爻君位卻超級冷靜，喜怒不形於色。咸卦六爻以身體取象，五爻「咸其脢」，背脊肉當人體中樞，接收各方資訊，卻不輕易反應，如此才能無悔。兌卦各爻皆言「兌」，獨五爻不言「兌」，而稱「孚于剝，有厲」，代表不但不快樂，反而相當痛苦；「兌」也是言說之意，提示領導人應沉默寡言，以免說錯話，遭人批評或利用。

艮卦（䷳）止欲修行，沉著穩重，表現在君位更是謹言慎行，爻辭稱「艮其輔，言有序，悔亡」，代表不隨便說，說必中肯。渙卦（䷺）人心渙散，亟需領導人登高一呼，鞏固團結，五爻爻辭稱：「渙汗其大號。」該說時絕對嚴正表態，毫不含糊。

領導人得雍容大度，盡可能包容別人的過失，讓人知難而退就好，不必斤斤計較，趕盡殺絕。解卦（䷧）五爻解仇怨，即體現這樣的境界，爻辭稱：「君子維有解，有孚于小人。」倘若自己犯錯，領袖更要勇於認錯，反而贏得眾人的尊重。豐卦（䷶）五爻稱：「來章，有慶譽，吉。」口食過去，恢復光明，並不影響大位的威信。

進取高位後，全心實踐理想，切勿患得患失，晉卦（䷢）五爻稱：「失得勿恤。」而任滿該退時，也要退得漂亮，萬勿託辭戀棧，遯卦（䷠）五爻提醒：「嘉遯，貞吉。」

其他各卦君位，善會其意，均有極高的政治智慧，學《易》者宜深入探求。

62

奇妙的數字——未知的還很多

《易經》的內涵包括理、氣、象、數。理是義理，為易學的核心；氣較抽象，且卦氣的說法不少人疑信參半，或是只接受十二消息卦；象指卦爻符號，確為《易經》的特色；數更神秘，占卜有數，河圖、洛書有數，人生冥冥中似有定數，隨機闖蕩又充滿變數。

易占的「大衍之術」，根據曆法的原理推衍世事，提出了幾個重要的數，如〈繫辭上傳〉第九章中所言：「大衍之數五十，其用四十有九」、「凡天地之數，五十有五，此所以成變化而行鬼神也」、「十有八變而成卦」。

以蓍草占卜，共用五十根，實際操作時，分分合合演算的為四十九根。詳細過程無法在此贅述，但原則上三變決定一爻，十八變遂成一卦。卦中若有可變之爻，則以五十五減去六爻營數的總和，由其差值決定宜變的爻位，再看爻變或卦變，定出最後的吉凶禍福。

革卦在《易經》中排序第四十九，〈大象傳〉稱：「君子以治曆明時。」研究擬定曆法，以表明一年中時序的變遷；革命是順天應人的事業，破舊立新，替天行道，讓民眾知所依循。同樣和曆法有關，革卦（䷰）的卦序四十九，與大衍占用的四十九，純屬巧合嗎？

鼎卦（䷱）排序第五十，〈大象傳〉稱：「君子以正位凝命。」大衍之數五十，易占正是為了顯示天命，教人正確行事。五十根蓍草取出一根，以象徵變化之源的太極，用其他四十九根進行演算，往後十八次變化中，這一根始終不動，就像北辰居其所而眾星拱之一樣，這就是正位嗎？

蠱卦（䷑）排序第十八，本即積久生變之意，十有八變而成卦，跟此有關嗎？蠱卦之前為隨時變化的隨卦（䷐），之後為自由開放、面對治理的臨卦（䷒），皆為「元亨利貞」四德俱全，和革卦一樣，終而復始，四時更迭。大衍占法中，有四根一組以象徵四時的操作程序，看來都與此有關。

豐卦（䷶）排序第五十五，正合天地之數，〈大象傳〉稱：「君子以折獄致刑。」「折獄」是司法審判，「致刑」是依罪量刑，根據天理人情，作出是非善惡的判斷。易占的最後結果，爻變、卦變如何，由天地之數決定，道理和此相通。豐卦〈彖傳〉中有言：「天地盈虛，與時消息，而況於人乎？況於鬼神乎？」看來不是虛言。

謙卦（䷎）排序第十五，〈彖傳〉中亦大談天地人鬼神之道。滿招損，謙受益，應為宇宙的客觀規律，我們做任何事情，都得兼顧人與自然的均衡，以及現實與歷史傳統的關聯。謙卦〈大象傳〉稱：「君子以裒多益寡，稱物平施。」裒為引聚之意，聚多益寡，公平分配，才是化解爭端之道。洛書九宮數，或稱魔術方陣，縱橫斜的三個數字相加，皆為十五，均衡至極，和謙卦卦序的十五亦相呼應。

恒卦（䷟）排序第三十二，恰居六十四卦之中，〈大象傳〉稱：「君子以立不易方。」恒代表永恆的真理，不會隨地域不同而異。恒卦二爻〈小象傳〉稱「能久中」，天旋地轉，永居其中，恒卦在〈雜卦傳〉重排的卦序中，仍為第三十二卦，真是耐人尋味。

節卦（䷻）排序第六十，恰為一甲子之數，天干地支、二十四節氣，符應時序變化，精密至極。〈大象傳〉稱：「君子以制數度，議德行。」人依時序辨事，分寸不失，恰到好處。

節卦〈彖傳〉稱「天地節而四時成」，恒卦〈彖傳〉稱「四時變化而能久成」，革卦〈彖傳〉稱「天地革而四

河圖洛書。相傳古時黃河曾出現背上有圖形的龍馬，洛水曾出現背上有圖形的神龜，是為「河圖」與「洛書」。兩者皆以數位圖形表示，極為巧妙。相傳伏羲氏就是依據河圖畫出八卦，而大禹則依據洛書制定九疇——治理天下的九類大法。

時成」，皆與曆法有關。六十、三十二、四十九、十八、十五、五十、五十五，這些神秘奇妙的數字，究竟向人們透露了什麼天機？

63 君子和小人——提升生命的格局

宋儒張載有言：「《易》為君子謀，不為小人謀。」易理、易占都是為有德行、有上進心的人謀劃，助其看清形勢，明白利害得失，以淬煉提升其解決問題的能力。卦、爻辭中多有但書，必須當事人做得到，才會有之後趨吉避凶的結果。一般人妄求禍福、迷信宿命，完全無法和《易經》相應。

〈易傳〉除〈序卦〉、〈說卦〉二傳外，處處言及「君子」，以樹立和平理性、樂觀奮鬥的人生態度，〈大象傳〉有五十多卦皆稱「君子以」，表示在任何處境中都可砥礪修行。

《論語‧憲問》中說：「君子上達，小人下達。」意思是君子自強不息、日趨上進，小人自暴自棄、日趨下流。《易經》經傳中，每以陽氣上升的力道稱君子，陰氣下沉的勢力為小人，例如，三陽並進的泰卦（䷊）稱「君子道長」，三陰沉淪的否卦（䷋）為「君子道消」。其他十二消息卦涉及陰陽的對立與消長，所以爻辭中多見君子和小人的對比。

最明顯的是五陰上剝的剝卦（䷖），上爻碩果僅存，岌岌可危，爻辭稱：「君子得輿，小人剝廬。」表示君子德智雙全，福緣深厚，廣受民眾愛戴，仍可絕處逢生；小人多行不義，天地不容，連僅供棲身的茅廬都會被拆除。

觀卦（䷓）四陰在下、二陽在上，初爻爻辭稱：「童觀，小人無咎，君子吝。」一般小民忙於生計，無遠大志向，對事情的看法也很幼稚，這也無傷，但君子這樣可就不行，必須往上提升。五爻、上爻居高位，爻辭皆稱「君子無咎」，負重責大任的人確須高瞻遠矚，才能服眾而為人所觀仰。

遯卦（䷠）二陰在下、四陽在上，也是陰長陽消之局，四爻面臨逼退，是否戀棧亦因人而異，其爻辭云：「好遯，君子吉，小人否。」君子拿得起、放得下，退得漂亮，小人則不然。

大壯卦（䷡）四陽在下、二陰在上，為陽長陰消之局，氣勢雖壯，卻不宜恃強猛進。三爻即考驗人的修為，其爻辭云：「小人用壯，君子用罔。」小人逞強蠻幹，結果像公羊角牴觸藩籬一樣，進退不得，君子冷靜克制，有壯而不用，遂免災咎。

夬卦（䷪）五陽對決一陰，成功在望，〈雜卦傳〉稱：「君子道長，小人道憂。」夬卦第三爻與上面陰爻相應和，竭力爭取和平解決的機會，不戰而屈人之兵，才是上上策，爻辭稱「君子夬夬」，〈小象傳〉云：「終無咎。」決而又決，鍥而不捨以達成任務。

乾卦（䷀）六爻全陽，三爻爻辭稱：「君子終日乾乾，夕惕若，厲，無咎。」君子整天奮鬥，到晚都不休息，唯有這樣，才能在激烈的社會競爭中脫穎而出。坤卦（䷁）六爻全陰，卦辭仍稱：

「君子有攸往，先迷後得主。」不斷在嘗試錯誤中摸索前進。

剝卦〈彖傳〉中還有句最重要的話：「君子尚消息盈虛，天行也。」陰極轉陽、剝盡而復，再壞的環境也有重生再造的可能，這是宇宙自然的規律，所以君子永遠都不放棄在正道上的努力。

同樣，困卦（䷮）山窮水盡，之後仍可能有井（䷯）、革（䷰）二卦的柳暗花明又一村，故而困卦〈彖傳〉中強調：「險以悅，困而不失其所亨，其唯君子乎！」孔子當年困於陳、蔡，師徒絕糧，子路悻悻然質問：「君子亦有窮乎？」孔子回答：「君子固窮，小人窮斯濫矣！」（《論語・衛靈公》）其實，小人處困之時多所怨尤，即便倚仗他人之力出困，革故鼎新之際，也不是真正脫胎換骨，與時俱進。革卦上爻爻辭云：「君子豹變，小人革面。」革面而未革心，只是見風轉舵，隨口應和而已。

明夷卦（䷣）世道黑暗，慘酷已極，初爻爻辭稱：「君子于行，三日不食，主人有言。」落難君子奔波求食，處處遭人冷語譏嘲，也只能強自隱忍。否卦天地閉，賢人隱，無恥小人依附當道，反而獲利，故二爻爻辭云：「小人吉。」

天道好還，否極轉同人（䷌）。否卦卦辭云：「不利君子貞。」同人卦卦辭稱「利君子貞」，君子又可以依循正道做事，進而團結同志，一起建設更美好的社會，故〈彖傳〉稱：「唯君子為能通天下之志。」

同人卦之後為大有卦（䷍），大家化私為公，富利共享，但積習深重的小人很難辦得到，三爻爻辭云：「小人弗克。」大有卦之後為謙卦（䷎），為公眾服務績效卓著，尚且謙讓不居功，確為美德的典範，卦辭稱：「亨，君子有終。」三爻〈小象傳〉云：「勞謙君子，萬民服也。」

小人貪欲好利，很難以道德感化，必須靠法令糾正，不然會姑息養奸，愈來愈難治理。噬嗑卦（䷔）的初爻和上爻，即揭明此義。孔子在〈繫辭傳〉中諄諄告誡，提醒為政者不可輕忽法治的重要。

解卦（䷧）處理君子和小人的對待關係，又顯現溫情的一面，〈大象傳〉云：「君子以赦過宥罪。」表示冤家宜解不宜結，得饒人處且饒人。卦中第三爻包袱沉重，竊據高位，正是小人的象徵，其他各爻皆針對此爻立論。五爻居全卦君位，取得主導地位後，顯現既往不咎、寬大為懷的精神，其爻辭稱：「君子維有解，吉，有孚于小人。」只要小人知難而退，也就不必過於追究。

《易經》最後兩卦為既濟、未濟，代表所有善惡鬥爭、君子與小人的恩怨至此攤牌。既濟卦（䷾）第三爻明示：「小人勿用。」斬斷負面的糾纏。未濟卦（䷿）第五爻宣稱：「君子之光，有孚，吉。」文明的光輝永照，止於至善矣！

64 易學的未來

〈說卦傳〉稱：「數往者順，知來者逆，是故易逆數也。」《易經》從畫卦創作那天起，就是要面對未來，易占、易象、易理，都希望預測未來、掌握未來。如果說，萬事萬物都有榮枯盛衰的氣運，那麼，易學本身的未來發展會是如何？

我曾經為此問占，探測二十一世紀的易學氣運，結果得出不變的萃卦（䷬）。萃是人文薈萃、出類拔萃之意，《易經》本是精粹絕頂的學問，又是上古賢聖集體創作的結晶，可謂當之無愧。按《易》卦排序，萃卦之前為姤卦（䷫），其後為升卦（䷭），姤為邂逅，千載難逢的機遇，升為順勢高度成長，看來，易學在本世紀當有驚才絕豔的發展。

思想文化是所謂軟實力（soft power），必須和政治、經濟、軍事等領域的硬實力（hard power）結合，才能擴大影響，發揮其精深奧妙的內涵，孔孟當年周遊列國，正是如此存心。《易經》萃卦的卦辭及〈彖傳〉中，強調精神理念和物質層面須充分結合，道理講得很清楚。

我也曾占問二十一世紀中華文化的整體發展，得出豐卦（䷶）初爻動。豐是資源豐厚、如日中天之象，初爻動代表剛剛開始豐，方興未艾，往後尚不可限量。豐卦下卦離明、上卦震動，明以動才能成豐，文明理念配上行動實力，遂成豐功偉業。中華文化底蘊豐厚，但一定得對當世的政經情勢產生影響，才能真正造福人群，發揚光大。

整體文化為豐，《易經》為萃，也充分顯示《易》為大道之源、群經之王的地位，如何發揮其核心的創造力，以帶動整體成長，正是今後研《易》者不可旁貸的責任。

《易經》的神機妙算、決策智慧，自古即被廣泛運用於政治、經濟及軍事領域，其精深義理和世界大同的文化主張，對日趨全球化、卻又列強爭霸的當今世局，也有正本清源之效。

現代多元化的社會，從政者少，從商者多，企業的經營管理活動很重要，管理人才的訓練已成顯學。《易經》若與管理結合，有很大的發展空間。

《易經》裡還有很多養生保健的智慧，自古即和中醫的原理相通，深入鑽研，必有更新、更大的突破。今日個人身心的健康，已愈來愈受到重視，易理在未來應可扮演高度啟發性的角色。

現代科學最前沿的發展，如混沌、碎形、模糊數學、非線性、複雜等，都與《易經》原理有許多不謀而合之處。「科學易」和「易科學」的研究，可望在未來一放異彩。

孔子在〈繫辭傳〉中說，《易經》創作的目的是「開物成務」，易理若充分發揚，可以「通天下之志，定天下之業，斷天下之疑」，確實不是虛言，有志者盍興乎來！

附錄

《易經》六十四卦卦名

1 乾　2 坤　3 屯　4 蒙　5 需　6 訟

7 師　8 比　9 小畜　10 履　11 泰　12 否

13 同人　14 大有　15 謙　16 豫　17 隨　18 蠱

19 臨　20 觀　21 噬嗑　22 賁　23 剝　24 復

25 无妄　26 大畜　27 頤　28 大過　29 坎　30 離

31 咸　32 恒　33 遯　34 大壯　35 晉　36 明夷

37 家人　38 睽　39 蹇　40 解　41 損　42 益

43 夬　44 姤　45 萃　46 升　47 困　48 井

49 革　50 鼎　51 震　52 艮　53 漸　54 歸妹

55 豐　56 旅　57 巽　58 兌　59 渙　60 節

61 中孚　62 小過　63 既濟　64 未濟

經文

1. 乾䷀　乾上乾下　乾為天

乾。元亨利貞。

初九。潛龍勿用。

九二。見龍在田，利見大人。

九三。君子終日乾乾，夕惕若，厲，无咎。

九四。或躍在淵，无咎。

九五。飛龍在天，利見大人。

上九。亢龍有悔。

用九。見群龍無首，吉。

2. 坤䷁　坤上坤下　坤為地

坤。元亨，利牝馬之貞。君子有攸往，先迷後得主，利西南得朋，東北喪朋。安貞吉。

初六。履霜，堅冰至。

六二。直方大，不習，无不利。

六三。含章可貞。或從王事，无成有終。
六四。括囊，无咎无譽。
六五。黃裳，元吉。
上六。龍戰于野，其血玄黃。
用六。利永貞。

3. 屯䷂　坎上震下　水雷屯

屯。元亨利貞。勿用有攸往，利建侯。
初九。磐桓，利居貞。利建侯。
六二。屯如邅如，乘馬班如。匪寇婚媾。女子貞不字，十年乃字。
六三。即鹿無虞，惟入于林中。君子幾，不如舍，往吝。
六四。乘馬班如，求婚媾，往吉，无不利。
九五。屯其膏，小貞吉，大貞凶。
上六。乘馬班如，泣血漣如。

4. 蒙䷃　艮上坎下　山水蒙

蒙。亨。匪我求童蒙，童蒙求我。初筮告，再三瀆，瀆則不告。利貞。
初六。發蒙，利用刑人，用說桎梏。以往，吝。

九二。包蒙，吉。納婦，吉。子克家。
六三。勿用取女，見金夫，不有躬。无攸利。
六四。困蒙，吝。
六五。童蒙，吉。
上九。擊蒙，不利為寇，利禦寇。

5. 需☵☰　坎上乾下　水天需

需。有孚，光亨，貞吉。利涉大川。
初九。需于郊，利用恒，无咎。
九二。需于沙，小有言，終吉。
九三。需于泥，致寇至。
六四。需于血，出自穴。
九五。需于酒食，貞吉。
上六。入于穴，有不速之客三人來，敬之終吉。

6. 訟☰☵　乾上坎下　天水訟

訟。有孚，窒惕中吉，終凶。利見大人，不利涉大川。
初六。不永所事，小有言，終吉。

九二。不克訟，歸而逋，其邑人三百戶。無眚。（眚音ㄕㄥˇ）

六三。食舊德，貞。厲終吉。或從王事，無成。

九四。不克訟，復即命，渝。安貞，吉。

九五。訟，元吉。

上九。或錫之鞶帶，終朝三褫之。（鞶音ㄆㄢˊ；褫音ㄔˇ）

7. 師䷆　坤上坎下　地水師

師。貞，丈人吉，无咎。

初六。師出以律，否臧，凶。

九二。在師中，吉无咎，王三錫命。

六三。師或輿尸，凶。

六四。師左次，无咎。

六五。田有禽，利執言，无咎。長子帥師，弟子輿尸，貞凶。

上六。大君有命，開國承家，小人勿用。

8. 比䷇　坎上坤下　水地比

比。吉。原筮元永貞，无咎。不寧方來，後夫凶。

初六。有孚比之，无咎。有孚盈缶，終來有他，吉。（缶音ㄈㄡˇ）

六二。比之自內，貞吉。
六三。比之匪人。
六四。外比之，貞吉。
九五。顯比，王用三驅，失前禽。邑人不誡，吉。
上六。比之無首，凶。

9.小畜䷈　巽上乾下　風天小畜

小畜。亨。密雲不雨，自我西郊。
初九。復自道，何其咎，吉。
九二。牽復，吉。
九三。輿說輻，夫妻反目。
六四。有孚，血去惕出，无咎。
九五。有孚攣如，富以其鄰。
上九。既雨既處，尚德載。婦貞厲。月幾望，君子征凶。

10.履䷉　乾上兌下　天澤履

履。履虎尾，不咥人，亨。（咥音ㄉㄧㄝˊ）
初九。素履，往无咎。

九二。履道坦坦，幽人貞吉。

六三。眇能視，跛能履。履虎尾，咥人，凶。武人為于大君。

九四。履虎尾，愬愬終吉。（愬音ㄙㄨˋ）

九五。夬履，貞厲。

上九。視履考祥，其旋元吉。

11. 泰䷊　坤上乾下　地天泰

泰。小往大來，吉亨。

初九。拔茅茹，以其彙，征吉。

九二。包荒，用馮河，不遐遺，朋亡，得尚于中行。

九三。無平不陂，無往不復。艱貞无咎。勿恤其孚，于食有福。

六四。翩翩。不富以其鄰，不戒以孚。

六五。帝乙歸妹，以祉元吉。

上六。城復于隍，勿用師。自邑告命，貞吝。

12. 否䷋　乾上坤下　天地否

否之匪人。不利君子貞，大往小來。

初六。拔茅茹，以其彙，貞吉亨。

六二。包承，小人吉，大人否亨。

六三。包羞。

九四。有命无咎，疇離祉。

九五。休否，大人吉。其亡其亡，繫于苞桑。

上九。傾否，先否後喜。

13. 同人䷌　乾上離下　天火同人

同人于野，亨。利涉大川，利君子貞。

初九。同人于門，无咎。

六二。同人于宗，吝。

九三。伏戎于莽，升其高陵，三歲不興。

九四。乘其墉，弗克攻，吉。

九五。同人先號咷而後笑，大師克相遇。（咷音ㄊㄠˊ）

上九。同人于郊，无悔。

14. 大有䷍　離上乾下　火天大有

大有。元亨。

初九。无交害，匪咎，艱則无咎。

九二。大車以載，有攸往，无咎。
九三。公用亨于天子，小人弗克。
九四。匪其彭，无咎。
六五。厥孚交如，威如，吉。
上九。自天佑之，吉无不利。

15. 謙䷎　坤上艮下　地山謙

謙。亨，君子有終。
初六。謙謙君子，用涉大川，吉。
六二。鳴謙，貞吉。
九三。勞謙君子，有終，吉。
六四。無不利，撝謙。（撝音ㄏㄨㄟ）
六五。不富以其鄰，利用侵伐，无不利。
上六。鳴謙，利用行師，征邑國。

16. 豫䷏　震上坤下　雷地豫

豫。利建侯行師。
初六。鳴豫，凶。

六二。介于石，不終日，貞吉。
六三。盱豫悔，遲有悔。
九四。由豫，大有得。勿疑，朋盍簪。
六五。貞疾，恒不死。
上六。冥豫，成有渝，无咎。

17. 隨䷐ 兌上震下 澤雷隨

隨。元亨利貞，无咎。
初九。官有渝，貞吉。出門交有功。
六二。係小子，失丈夫。
六三。係丈夫，失小子。隨有求得，利居貞。
九四。隨有獲，貞凶。有孚，在道，以明，何咎。
九五。孚于嘉，吉。
上六。拘係之，乃從維之。王用亨于西山。

18. 蠱䷑ 艮上巽下 山風蠱

蠱。元亨，利涉大川。先甲三日，後甲三日。
初六。幹父之蠱，有子，考无咎。厲終吉。

九二。幹母之蠱，不可貞。

九三。幹父之蠱，小有悔，无大咎。

六四。裕父之蠱，往見吝。

六五。幹父之蠱，用譽。

上九。不事王侯，高尚其事。

19. 臨䷒　坤上兌下　地澤臨

臨。元亨利貞，至于八月有凶。

初九。咸臨，貞吉。

九二。咸臨，吉，无不利。

六三。甘臨，無攸利。既憂之，无咎。

六四。至臨，无咎。

六五。知臨，大君之宜，吉。

上六。敦臨，吉，无咎。

20. 觀䷓　巽上坤下　風地觀

觀。盥而不薦，有孚顒若。（顒音ㄩㄥˊ）

初六。童觀，小人无咎，君子吝。

六二。闚觀，利女貞。（闚音ㄎㄨㄟ）
六三。觀我生，進退。
六四。觀國之光，利用賓于王。
九五。觀我生，君子无咎。
上九。觀其生，君子无咎。

21. 噬嗑䷔ 離上震下 火雷噬嗑

噬嗑。亨。利用獄。
初九。屨校滅趾，无咎。（屨音ㄐㄩˋ）
六二。噬膚滅鼻，无咎。
六三。噬臘肉，遇毒。小吝，无咎。
九四。噬乾胏，得金矢。利艱貞，吉。（胏音ㄗˇ）
六五。噬乾肉，得黃金。貞厲，无咎。
上九。何校滅耳，凶。

22. 賁䷕ 艮上離下 山火賁

賁。亨，小利有攸往。
初九。賁其趾，舍車而徒。

六二。賁其須。

九三。賁如，濡如，永貞吉。

六四。賁如，皤如，白馬翰如，匪寇婚媾。

六五。賁于丘園，束帛戔戔。吝，終吉。

上九。白賁，无咎。

23. 剝☶☷　艮上坤下　山地剝

剝。不利有攸往。

初六。剝床以足，蔑貞，凶。

六二。剝床以辨，蔑貞，凶。

六三。剝之，无咎。

六四。剝床以膚，凶。

六五。貫魚以宮人寵，无不利。

上九。碩果不食，君子得輿，小人剝廬。

24. 復☷☳　坤上震下　地雷復

復。亨。出入无疾，朋來无咎。反復其道，七日來復，利有攸往。

初九。不遠復，无祇悔，元吉。

六二。休復，吉。

六三。頻復，厲，无咎。

六四。中行獨復。

六五。敦復，无悔。

上六。迷復，凶，有災眚。用行師，終有大敗，以其國君凶，至于十年不克征。

25. 无妄䷘　乾上震下　天雷无妄

无妄。元亨利貞。其匪正有眚，不利有攸往。

初九。无妄，往吉。

六二。不耕穫，不菑畬，則利有攸往。（菑音ㄗ）

六三。无妄之災，或繫之牛，行人之得，邑人之災。

九四。可貞，无咎。

九五。无妄之疾，勿藥有喜。

上九。无妄，行有眚，无攸利。

26. 大畜䷙　艮上乾下　山天大畜

大畜。利貞。不家食，吉。利涉大川。

初九。有厲，利已。

九二。輿說輹。
九三。良馬逐，利艱貞。日閑輿衛，利有攸往。
六四。童牛之牿，元吉。（牿音ㄍㄨˋ）
六五。豶豕之牙，吉。（豶音ㄈㄣˊ）
上九。何天之衢，亨。

27. 頤䷚　艮上震下　山雷頤

頤。貞吉。觀頤，自求口實。
初九。舍爾靈龜，觀我朵頤，凶。
六二。顛頤，拂經；于丘頤，征凶。
六三。拂頤，貞凶。十年勿用，无攸利。
六四。顛頤，吉。虎視眈眈，其欲逐逐，无咎。
六五。拂經，居貞吉。不可涉大川。
上九。由頤，厲吉。利涉大川。

28. 大過䷛　兌上巽下　澤風大過

大過。棟橈。利有攸往，亨。（橈音ㄋㄠˊ）
初六。藉用白茅，无咎。

九二。枯楊生稊，老夫得其女妻，无不利。（稊音ㄊㄧˊ）

九三。棟橈，凶。

九四。棟隆，吉，有它吝。

九五。枯楊生華，老婦得其士夫，无咎無譽。

上六。過涉滅頂，凶，无咎。

29. 坎䷜　坎上坎下　坎為水

習坎。有孚。維心亨。行有尚。

初六。習坎，入于坎窞，凶。（窞音ㄉㄢˋ）

九二。坎有險，求小得。

六三。來之坎坎，險且枕。入于坎窞，勿用。

六四。樽酒，簋貳，用缶，納約自牖，終无咎。（牖音ㄧㄡˇ）

九五。坎不盈，坻既平，无咎。

上六。係用徽纆，寘于叢棘，三歲不得，凶。（纆音ㄇㄛˋ）

30. 離䷝　離上離下　離為火

離。利貞，亨。畜牝牛，吉。

初九。履錯然，敬之，无咎。

六二。黃離，元吉。

九三。日昃之離，不鼓缶而歌，則大耋之嗟，凶。（昃音ㄗㄜˋ；耋音ㄉㄧㄝˊ）

九四。突如其來如，焚如，死如，棄如。

六五。出涕沱若，戚嗟若，吉。

上九。王用出征，有嘉折首，獲匪其醜，无咎。

31. 咸䷞　兌上艮下　澤山咸

咸。亨利貞，取女吉。

初六。咸其拇。

六二。咸其腓，凶，居吉。

九三。咸其股，執其隨，往吝。

九四。貞吉。悔亡，憧憧往來，朋從爾思。

九五。咸其脢，无悔。

上六。咸其輔頰舌。

32. 恒䷟　震上巽下　雷風恒

恒。亨，无咎，利貞。利有攸往。

初六。浚恒，貞凶，无攸利。（浚音ㄐㄩㄣˋ）

九二。悔亡。

九三。不恒其德，或承之羞，貞吝。

九四。田無禽。

六五。恒其德，貞。婦人吉，夫子凶。

上六。振恒，凶。

33. 遯䷠　乾上艮下　天山遯

遯。亨，小利貞。

初六。遯尾，厲。勿用有攸往。

六二。執之用黃牛之革，莫之勝說。

九三。係遯，有疾厲。畜臣妾，吉。

九四。好遯，君子吉，小人否。

九五。嘉遯，貞吉。

上九。肥遯，无不利。

34. 大壯䷡　震上乾下　雷天大壯

大壯。利貞。

初九。壯于趾，征凶，有孚。

九二。貞吉。

九三。小人用壯，君子用罔，貞厲。羝羊觸藩，羸其角。（羸音ㄌㄟˊ）

九四。貞吉，悔亡，藩決不羸，壯于大輿之輹。

六五。喪羊于易，无悔。

上六。羝羊觸藩，不能退，不能遂，无攸利，艱則吉。

35. 晉䷢　離上坤下　火地晉

晉。康侯用錫馬蕃庶，晝日三接。

初六。晉如，摧如，貞吉。罔孚，裕无咎。

六二。晉如，愁如，貞吉。受茲介福，于其王母。

六三。眾允，悔亡。

九四。晉如鼫鼠，貞厲。（鼫音ㄕˊ）

六五。悔亡，失得勿恤，往吉，无不利。

上九。晉其角，維用伐邑。厲吉无咎，貞吝。

36. 明夷䷣　坤上離下　地火明夷

明夷。利艱貞。

初九。明夷于飛，垂其翼。君子于行，三日不食。有攸往，主人有言。

六二。明夷，夷于左股，用拯馬壯，吉。
九三。明夷于南狩，得其大首，不可疾，貞。
六四。入于左腹，獲明夷之心，于出門庭。
六五。箕子之明夷，利貞。
上六。不明，晦。初登于天，後入于地。

37. 家人䷤　巽上離下　風火家人

家人。利女貞。
初九。閑有家，悔亡。
六二。无攸遂，在中饋。貞吉。
九三。家人嗃嗃，悔厲，吉。婦子嘻嘻，終吝。
六四。富家，大吉。
九五。王假有家，勿恤，吉。
上九。有孚威如，終吉。

38. 睽䷥　離上兌下　火澤睽

睽。小事吉。
初九。悔亡，喪馬勿逐，自復。見惡人，无咎。

九二。遇主于巷，无咎。

六三。見輿曳，其牛掣。其人天且劓，无初有終。（劓音ㄧˋ）

九四。睽孤，遇元夫。交孚，厲无咎。

六五。悔亡。厥宗噬膚，往何咎？

上九。睽孤，見豕負塗，載鬼一車。先張之弧，後說之弧。匪寇婚媾，往遇雨則吉。

39. 蹇䷦　坎上艮下　水山蹇

蹇。利西南，不利東北。利見大人，貞吉。

初六。往蹇。來譽。

六二。王臣蹇蹇，匪躬之故。

九三。往蹇。來反。

六四。往蹇。來連。

九五。大蹇。朋來。

上六。往蹇。來碩，吉。利見大人。

40. 解䷧　震上坎下　雷水解

解。利西南。無所往，其來復吉。有攸往，夙吉。

初六。无咎。

九二。田獲三狐，得黃矢，貞吉。

六三。負且乘，致寇至，貞吝。

九四。解而拇，朋至斯孚。

六五。君子維有解，吉，有孚于小人。

上六。公用射隼于高墉之上，獲之无不利。

41. 損䷨　艮上兌下　山澤損

損。有孚，元吉。无咎，可貞，利有攸往。曷之用？二簋可用享。

初九。已事遄往，无咎。酌損之。（遄音ㄔㄨㄢˊ）

九二。利貞，征凶。弗損，益之。

六三。三人行，則損一人；一人行，則得其友。

六四。損其疾，使遄有喜，无咎。

六五。或益之十朋之龜，弗克違，元吉。

上九。弗損，益之，无咎，貞吉。利有攸往，得臣無家。

42. 益䷩　巽上震下　風雷益

益。利有攸往，利涉大川。

初九。利用為大作，元吉，无咎。

六二。或益之十朋之龜，弗克違，永貞吉。王用享于帝，吉。

六三。益之用凶事，无咎。有孚中行，告公用圭。

六四。中行，告公從，利用為依遷國。

九五。有孚惠心，勿問元吉。有孚惠我德。

上九。莫益之，或擊之，立心勿恒，凶。

43. 夬䷪　兌上乾下　澤天夬

夬。揚于王庭，孚號有厲。告自邑，不利即戎，利有攸往。

初九。壯于前趾，往不勝為咎。

九二。惕號，莫夜有戎，勿恤。

九三。壯于頄，有凶。君子夬夬，獨行遇雨，若濡有慍，无咎。（頄音ㄑㄧㄡˊ）

九四。臀無膚，其行次且。牽羊悔亡，聞言不信。

九五。莧陸夬夬，中行無咎。

上六。無號，終有凶。

44. 姤䷫　乾上巽下　天風姤

姤。女壯，勿用取女。

初六。繫于金柅，貞吉。有攸往，見凶。羸豕孚蹢躅。（蹢躅音ㄓˊ ㄓㄨˊ）

九二。包有魚，无咎，不利賓。

九三。臀无膚，其行次且。厲，无大咎。（次且音ㄗ ㄐㄩ）

九四。包无魚，起凶。

九五。以杞包瓜，含章，有隕自天。

上九。姤其角，吝，无咎。

45.萃䷬　兌上坤下　澤地萃

萃。亨，王假有廟。利見大人，亨，利貞。用大牲，吉。利有攸往。

初六。有孚不終，乃亂乃萃。若號，一握為笑。勿恤，往无咎。

六二。引吉，无咎。孚乃利用禴。（禴音ㄩㄝˋ）

六三。萃如，嗟如，无攸利。往无咎，小吝。

九四。大吉，无咎。

九五。萃有位，无咎，匪孚。元永貞，悔亡。

上六。齎咨涕洟，无咎。（齎音ㄐㄧ）

46.升䷭　坤上巽下　地風升

升。元亨。用見大人，勿恤，南征吉。

初六。允升，大吉。

九二。孚乃利用禴，无咎。

九三。升虛邑。

六四。王用亨于岐山，吉，无咎。

六五。貞吉，升階。

上六。冥升，利于不息之貞。

47. 困䷮ 兌上坎下 澤水困

困。亨，貞，大人吉，无咎。有言不信。

初六。臀困于株木，入于幽谷，三歲不覿。（覿音ㄉㄧˊ）

九二。困于酒食，朱紱方來，利用享祀。征凶，无咎。（紱音ㄈㄨˊ）

六三。困于石，據于蒺藜。入于其宮，不見其妻，凶。

九四。來徐徐，困于金車，吝，有終。

九五。劓刖，困于赤紱。乃徐有說，利用祭祀。

上六。困于葛藟，于臲卼，曰動悔。有悔，征吉。（臲卼音ㄋㄧㄝˋ ㄨˋ）

48. 井䷯ 坎上巽下 水風井

井。改邑不改井，無喪無得。往來井井。汔至亦未繘井，羸其瓶，凶。（汔音ㄑㄧˋ；繘音ㄩˋ）

初六。井泥不食，舊井无禽。

九二。井谷射鮒，甕敝漏。（鮒音ㄈㄨˋ）

九三。井渫不食，為我心惻。可用汲，王明，並受其福。（渫音ㄒㄧㄝˋ）

六四。井甃，无咎。（甃音ㄓㄡˋ）

九五。井洌寒泉，食。

上六。井收勿幕，有孚元吉。

49. 革䷰　兌上離下　澤火革

革。己日乃孚。元亨利貞。悔亡。

初九。鞏用黃牛之革。

六二。己日乃革之。征吉，无咎。

九三。征凶，貞厲。革言三就，有孚。

九四。悔亡。有孚，改命吉。

九五。大人虎變，未占有孚。

上六。君子豹變，小人革面。征凶，居貞吉。

50. 鼎䷱　離上巽下　火風鼎

鼎。元吉亨。

初六。鼎顛趾，利出否。得妾以其子，无咎。

九二。鼎有實，我仇有疾，不我能即，吉。

九三。鼎耳革，其行塞。雉膏不食，方雨虧悔，終吉。

九四。鼎折足，覆公餗，其形渥，凶。（餗音ㄙㄨˋ）

六五。鼎黃耳，金鉉，利貞。

上九。鼎玉鉉，大吉，无不利。

51.震䷲　震上震下　震為雷

震。亨。震來虩虩，笑言啞啞。震驚百里，不喪匕鬯。（虩音ㄒㄧˋ；鬯音ㄔㄤˋ）

初九。震來虩虩，後笑言啞啞，吉。

六二。震來厲，億喪貝。躋于九陵，勿逐，七日得。

六三。震蘇蘇，震行无眚。

九四。震遂泥。

六五。震往來厲，億無喪，有事。

上六。震索索，視矍矍，征凶。震不于其躬，于其鄰，无咎。婚媾有言。（矍音ㄐㄩㄝˊ）

52.艮䷳　艮上艮下　艮為山

艮其背，不獲其身。行其庭，不見其人。无咎。

初六。艮其趾，无咎。利永貞。

六二。艮其腓，不拯其隨，其心不快。
九三。艮其限，列其夤，厲薰心。（夤音ㄧㄣˊ）
六四。艮其身，无咎。
六五。艮其輔，言有序，悔亡。
上九。敦艮，吉。

53. 漸䷴　巽上艮下　風山漸

漸。女歸吉，利貞。
初六。鴻漸于干，小子厲，有言，无咎。
六二。鴻漸于磐，飲食衎衎，吉。（衎音ㄎㄢˋ）
九三。鴻漸于陸，夫征不復，婦孕不育，凶。利禦寇。
六四。鴻漸于木，或得其桷，无咎。（桷音ㄐㄩㄝˊ）
九五。鴻漸于陵，婦三歲不孕，終莫之勝，吉。
上九。鴻漸于陸，其羽可用為儀，吉。

54. 歸妹䷵　震上兌下　雷澤歸妹

歸妹。征凶，无攸利。
初九。歸妹以娣，跛能履，征吉。

九二。眇能視，利幽人之貞。

六三。歸妹以須，反歸以娣。

九四。歸妹愆期，遲歸有時。（愆音ㄑㄧㄢ）

六五。帝乙歸妹，其君之袂，不如其娣之袂良。月幾望，吉。（袂音ㄇㄟˋ）

上六。女承筐無實，士刲羊無血，无攸利。（刲音ㄎㄨㄟ）

55.豐䷶　震上離下　雷火豐

豐。亨。王假之，勿憂，宜日中。

初九。遇其配主，雖旬无咎，往有尚。

六二。豐其蔀，日中見斗。往得疑疾，有孚發若，吉。（蔀音ㄅㄨˋ）

九三。豐其沛，日中見沬。折其右肱，无咎。（沬音ㄇㄟˋ）

九四。豐其蔀，日中見斗。遇其夷主，吉。

六五。來章，有慶譽，吉。

上六。豐其屋，蔀其家，闚其戶，闃其無人，三歲不覿，凶。（闚音ㄎㄨㄟ；闃音ㄑㄩˋ；覿音ㄉㄧˊ）

56.旅䷷　離上艮下　火山旅

旅。小亨，旅貞吉。

初六。旅瑣瑣，斯其所取災。

六二。旅即次，懷其資，得童僕，貞。
九三。旅焚其次，喪其童僕，貞厲。
九四。旅于處，得其資斧，我心不快。
六五。射雉，一矢亡，終以譽命。
上九。鳥焚其巢，旅人先笑後號咷。喪牛于易，凶。

57. 巽☴ 巽上巽下　巽為風

巽。小亨，利有攸往，利見大人。
初六。進退，利武人之貞。
九二。巽在床下，用史巫紛若，吉，无咎。
九三。頻巽，吝。
六四。悔亡。田獲三品。
九五。貞吉，悔亡，无不利。無初有終。先庚三日，後庚三日，吉。
上九。巽在床下，喪其資斧，貞凶。

58. 兌☱ 兌上兌下　兌為澤

兌。亨利貞。
初九。和兌，吉。

九二。孚兌，吉，悔亡。
六三。來兌，凶。
九四。商兌未寧，介疾有喜。
九五。孚于剝，有厲。
上六。引兌。

59. 渙䷺　巽上坎下　風水渙

渙。亨。王假有廟，利涉大川，利貞。
初六。用拯馬壯，吉。
九二。渙奔其机，悔亡。
六三。渙其躬，无悔。
六四。渙其群，元吉。渙有丘，匪夷所思。
九五。渙汗其大號，渙王居，无咎。
上九。渙其血，去逖出，无咎。

60. 節䷻　坎上兌下　水澤節

節。亨。苦節不可貞。
初九。不出戶庭，无咎。

九二。不出門庭，凶。

六三。不節若，則嗟若，无咎。

六四。安節，亨。

九五。甘節吉，往有尚。

上六。苦節，貞凶，悔亡。

61. 中孚䷼　巽上兌下　風澤中孚

中孚。豚魚，吉。利涉大川，利貞。

初九。虞吉，有它不燕。

九二。鳴鶴在陰，其子和之。我有好爵，吾與爾靡之。

六三。得敵，或鼓或罷，或泣或歌。

六四。月幾望，馬匹亡，无咎。

九五。有孚攣如，无咎。

上九。翰音登于天，貞凶。

62. 小過䷽　震上艮下　雷山小過

小過。亨利貞。可小事，不可大事。飛鳥遺之音。不宜上，宜下，大吉。

初六。飛鳥以凶。

六二。過其祖，遇其妣；不及其君，遇其臣。无咎。
九三。弗過防之，從或戕之，凶。
九四。无咎，弗過遇之。往厲必戒，勿用，永貞。
六五。密雲不雨，自我西郊。公弋取彼在穴。
上六。弗遇過之，飛鳥離之，凶，是謂災眚。

63. 既濟䷾　坎上離下　水火既濟

既濟。亨小，利貞，初吉，終亂。
初九。曳其輪，濡其尾，无咎。
六二。婦喪其茀，勿逐，七日得。（茀音ㄈㄨˊ）
九三。高宗伐鬼方，三年克之，小人勿用。
六四。繻有衣袽，終日戒。（繻音ㄒㄩ；袽音ㄖㄨˊ）
九五。東鄰殺牛，不如西鄰之禴祭，實受其福。
上六。濡其首，厲。

64. 未濟䷿　離上坎下　火水未濟

未濟。亨。小狐汔濟，濡其尾，无攸利。
初六。濡其尾，吝。

九二。曳其輪，貞吉。
六三。未濟征凶。利涉大川。
九四。貞吉，悔亡。震用伐鬼方，三年有賞于大國。
六五。貞吉，无悔。君子之光，有孚，吉。
上九。有孚于飲酒，无咎。濡其首，有孚失是。

大衍之術

藉占習易、藉易修行

俗話說，演卦容易斷卦難。因為斷占的過程一定會涉及到占卦的原理，如果對《易經》六十四卦、三百八十四爻的背景知識不很熟悉，也缺乏深刻的體悟，斷占當然很困難。儘管難，但只要掌握幾個基本原則，並切記「不可為典要，唯變所適」，同樣可以斷占。自古以來，但凡研究《易經》者，大都會注意現場斷占的情勢、自身的精神狀態，以及自身的修為能力，甚至還包括你的靈感。所謂「藉占習易、藉易修行」，說到底還是要歸於人生的基本實踐。藉著易占的問答，結合自己的生活經驗，將更容易進入《易經》豐富而深刻的義理世界。換句話說，如果學習態度是健康的，在習占、習易的過程中，藉著一個問題、一個答案這種占卦的訓練，一定會提升行事判斷跟決策思維，甚至是實踐的能力。如果養成依賴心，學了易占之後，不占就不能決策、不敢做事，那就本末倒置了。過去我也提過，一般要在碰到比較過不去的困局跟險境時才會想到問占；學會占法後，當局者迷，旁觀者清，明明靠基本判斷就可以解決的事，還要啟占，這樣的情形也是有的。所以斷卦之難，有時候也難在你容易感情用事；因為你深陷在自己的情境中，不敢面對真相。我們講蒙卦的時候也說過，「初筮告，再三瀆」；當「瀆」的情形出現，一定會影響判斷，你會一廂情願，把明明已經呈現的客觀真相，硬是曲解成對自己有利的狀況。所以占卦時必須跳脫個人好惡，站在比較客觀、比較中道的角度做冷靜的判斷；否則，自己占過之後，再請朋友、老師代占，因為對方的判斷比較可以就事論事、就易論易。這也是一種方式。但最好的方式還是面對自己的問題，然後練習面對人生很多的難關。累積久了，肯定會增加處理人生困境的能力。所以學占卦是為了增強你的決策判斷能力，不是讓你養成依賴心，這是大前提。

大衍之術

> 大衍之數五十，其用四十有九。分而為二以象兩，掛一以象三，揲之以四以象四時，歸奇於扐以象閏；五歲再閏，故再扐而後掛。乾之策二百一十有六，坤之策百四十有四，凡三百六十，當期之日。二篇之策，萬有一千五百二十，當萬物之數也。是故四營而成易，十有八變而成卦。
>
> ——《易經・繫辭傳上》

在大衍之術的講解過程中，會用很多占例來做示範。當然，不見得每一種斷卦的變化類型都有代表的卦，我們只舉出過去一些非常有啟發意義、已經是靈驗如神，或者在未來發展中我們最關切的幾個中長期問題為例。

學斷占不可心急，斷占之難，難在它需要長時間的經驗累積，不只需要對《易經》卦爻義理的深刻理解，甚至需要以畢生的修為，以及豐富的社會實踐經驗。當然也不是每個都那麼難，不然我們都沒信心學了。易卦四千零九十六種變化類型，有的很簡單，一目了然，卦辭、爻辭寫得清清楚楚、明明白白；有的非常繁複，明明看老師講起來好像很容易，等自己下手判斷時卻茫無頭緒，遇到這種情況也不必心急。我還沒碰過有教占、學占、看占例馬上就懂的學生，所以有挫折感或不懂是正常的。

相較於其他占法，《易經‧繫辭傳》中提到的「大衍之術」是最繁複的。「衍」即「水之行」，就是環繞高山曲折而流的河流，最後歸於大海。這就是「衍」的基本意思。透過占卦也可以理解，人生的奮鬥並不是一步到位的，必須經過一些曲曲折折，然後依形勢而成。「大」代表無所不衍，在宇宙時空中，沒有不可以通過這種方法計算的；只要一個問題有一定的合理性，就一定可以得出相應的答案。

初學易占的人，實際體驗還不很豐富，也許會覺得「大衍之術」的占法，其理論根據和曆法有關，亦即跟星辰運轉的規律性有點關係。這套占法也不知道是誰發明的，它像電腦模擬一樣，不僅模擬天地人三才、星辰日月，還有春夏秋冬四時；這就跟太陽、地球的互動有關。然後它還考慮了置閏的設計，閏年、閏月，五年二閏、十九年七閏；陽曆有陽曆的方式，陰曆有陰曆的方式。發明這套「大衍之術」的人，把這些都設計在整個操作程式之中，看似簡單，其實不知花了多少心血。如果沒有這套占法，以現代人的聰明才智，還未必能創造出這樣的占法。

我們看〈繫辭傳〉關於「大衍之術」那一章的說明。整個操作程式、曆法的概念，與第四十九卦、第五十卦、第五十五卦都是有關聯的，雖然這些卦我們都還沒有講到，但這幾個卦的〈大象傳〉，幾乎就已經把大衍之術的教占、衍占、斷占的規律都說明了。如第四十九卦革卦（䷰）的〈大象傳〉說：「澤中有火，革。君子以治曆明時。」這就講到了曆法的概念，要瞭解時機，就要訂立曆法。第五十卦鼎卦（䷱）〈大象傳〉云：「木上有火，鼎。君子以正位凝命。」「明時」、「正位」就是革故鼎新；也就是《易經》講的「時」與「位」。革故鼎新就是人的一種原創力的大突破、大發揮，占法也好、曆法也好，都是人掌握自然天時的規律而發明的，並不是先天就有的。

「大衍之術」的數目就是「五十」，我們先準備五十根籌策（蓍草或圍棋等皆可）。我們講過《易經》的卦序都有深刻的意義，並非巧合。「五十」是鼎卦的卦序，第五十就要「正位」，把人生的定位、空間的佈局、資源的狀況告訴我們。「其用四十有九」，開始占卦時，先要把一根籌策拿出來，在往下的演算中，那一根是不能動的，但也不可或缺。其他四十九根蓍草做分分合合的演算，好像就是針對那一根來做演算；像天空的星辰繞著北極星，北極星不動，其他動。那一根不動的蓍草，也是《易經》講的「不易」；其他的四十九根天翻地覆的變化，這就像「變易」。

另外，還有一個純自然的天地之數，即「五十五」。在《易經》中就反映在對應的第五十五卦豐卦（䷶）。豐卦〈大象傳〉云：「雷電皆至，豐。君子以折獄致刑。」正如乾卦〈文言傳〉對「大人」的定義，天人合一，與天地、日月、四時、鬼神合其吉凶。宇宙、天地之間太豐富了，包含天地、人、鬼神，不是只有人。所有這些看得見的、看不見的力量，都可能會主導一些形勢的發展。如果你能全方位的掌握，則有助於搞清楚時位的關係，並做出精確的預測。一個卦占出來，一般是用四十九、五十這個數操作，如果涉及較複雜的爻變，甚至可能引發整個卦產生變化的判斷時，一定要用豐卦卦序的數目「五十五」。「五十五」稱為「天地之數」，革故鼎新之「四十九」或者「大衍之數」的「五十」，是人創造模擬發揮出來的，天人之間還是有差距的，所以「五十五」是一個滿數，不管怎麼演算，都不可能超過五十五。等到實際操作時就會明白。豐卦〈大象傳〉說：「君子以折獄致刑」，因為需要審慎的判斷，所以涉及到斷卦，亦即爻變、卦變到一個比較穩定的狀況，以便我們做形勢的判斷。會跟豐卦有關，是因為豐卦〈大象傳〉講的就是天地人鬼神的綜合判斷，決定善惡、吉凶、是非、輸贏、成敗、禍福。

以上就是教占之前在理論上的說明，閒言少敘，以下開始進入具體的占卦。

占具介紹

占具一般用蓍草，我一般在教占時所用的籌策——蓍草，是我在河南安陽殷墟羑里文王廟那裡買的。也可以用黑色的圍棋子或者小木棍代替；任何東西，只要數目是五十就可以了。長條狀如蓍草，或是顆粒狀（最好不要是扁平的）如圍棋子，都適合做分分合合的演算。其他如吸管，甚至是牙籤，只要長形或顆粒狀的都可以，因為「大衍之術」跟數有關，跟形無關。就像數學的幾何與代數一樣，幾何是講形的，代數是講數的。如果用龜卜，那就跟形有關了。將龜殼放在火上烤，看它會呈現什麼樣的裂紋，那就是「卜」。這就跟數沒有關係。當然卜術已經失傳了，我們現在教的都是「筮」，但兩者都需要用專注的心念來操作。筮法是一直流傳到現在的。一個用動物的殼，一個用植物的莖。為什麼要用龜殼和蓍草卜筮呢？據說是因為烏龜和蓍草都活得很長，看盡天下興亡，所以適合做占卦預測的載具。

如何衍卦

在操作開始之前，先要選定問什麼問題，還有時限的問題。我們且以「二〇〇九年臺灣經濟能否振作」為問題進行占卦。首先要集中心念，冷靜專注，理論上這樣出來的答案會更接近真相。如果心思雜亂，心神不定，有可能得出次佳的答案，而不是最佳。

如果你覺得心亂，就先打坐、念經，或者點根香讓自己靜下來。像朱熹還專門有一套繁複的筮儀，當然現在都不用了，只要能專注就可以了。開始操作時，先放一根籌策在外面，固定不動，用其餘四十九根操作（圖①），這是第一道程序。一卦六爻，每一個爻有三次變化，要經過十八次周而復始的變化，才能把六個爻從初爻、二爻……上爻排出來。每個爻都一樣，都是通過這樣的操作程序。有些人認為，既然那一根從頭到尾都不動，那我們就用四十九根算好了，不行！因為這單獨的一根與其餘四十九根有對應關係；除了我們剛才講的變易和不易，還有不管怎麼變化，藏在變化裡面的東西，就是一切變化的本體（有點像太極），一定有一個根源，即不動的那一根，就像乾卦的「元」。由「體」到「用」，開始變化，變化就是讓你在想這個問題的時候，像撲克牌切牌一般，一生二，變成陰陽（兩儀）兩邊（圖②），這種分成兩堆的方式，完全根據你的心念，是隨機的，至於左邊是多少、右邊是多少都是不知道的，反正左半邊跟右半邊加起來的數目一定是四十九，既隨機又偶然。因為實際上很多形勢的變化，開始啟動的時候就是純偶然的，不是按照預期的。分開之後等於是開天闢地、分陰分陽了，這就是「大衍之數五十，其用四十有九，分而為二以象兩」，什麼東西都有兩端；像太極圖就有陰陽，每一個問題也都有兩端，像執政黨和在野黨。

①

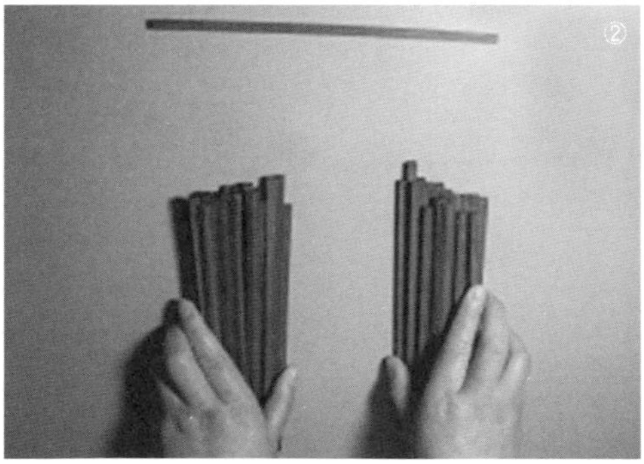
②

分開了，就代表會活動了，象徵從太極、從「元」然後生出天地。下面就有一個原則叫「右手定則」，它是有方向性的，左半邊為天，右半邊為地。那麼地中會生出什麼?生出人。地上生人，乾、坤下面有生命，這是天地人三才的概念。一生二，二生三，人在天地之間，是舞台上的主角，是從地上長出來的，所以接著就要從右半邊再拿一根出來，這叫「掛一以象三」（圖③）。下面就容易了，一、二、三之後就是「四」了，「揲之以四以象四時」，按照「四」的數目把籌策分開，從一、二、三、四來決定六、七、八、九。「四」就是象徵四時——春夏秋冬、元亨利貞那個周而復始的循環。換句話說，從右邊拿了一根象徵人這個天地舞台上的主角之後，然後就有「時」的循環，即四個四個一數分堆，像做除法一樣有餘數，餘數不管多少，就把它拿在手裡（注意：因為餘數不能是零，所以餘數不管多少，即使是「四」，都要拿在手裡），這叫「歸奇於扐以象閏」（圖④）。若是用蓍草則把它夾在指頭間。「歸奇於扐以象閏」，是歲差的呈現。累積歲差就有閏年、閏月的考量，所以這完全跟曆法有關。任何東西都有一個創造的本體，沒有天地就沒有人、時的循環。曆法是整個宇宙、時空環境中，天、地、人、時的循環，息息相關且互相影響，所以用它來模擬人生所有的事態發展。

好，右半邊處理完了，不要把它混進來，我們還有左半邊，注意

③

④

不要再拿一根出來了，還是四個一數，將餘數拿在手裡，和右半邊的集中在一起，放在一邊。桌面兩堆蓍草都是四的倍數，這就叫做完成了一次變化（圖⑤）。總共有十八次變化，要三次變化才決定一個爻是陰爻還是陽爻，是老陰、少陰還是老陽、少陽。陽氣如果到了極點，就叫老陽，數字為「九」，可能要陽極轉陰；如果是少陽就叫「七」，表示還未發育成熟，還很穩定。如果是老陰就叫「六」，陰極要轉陽，非常不穩定，就要產生變動了；「八」就是比較穩定的少陰。萬物分陰分陽，然後陰極轉陽、陽極轉陰，這些都跟四季的變化有關。

完成一次變化之後，拿出來的那一堆也不要動，下面的兩堆分而復合，又合而復分，開始進行第二次變化。第一次變化剛開始時，籌策的數目一定是四十九，現在不是四十九了，但一定還是四的倍數；就用這新的組合做基礎，再來一次。仍要專注在當初設下的問題上，一樣把這堆籌策分成兩半，然後右邊再拿一根出來，四個一數，餘數夾在手指間；然後處理左邊，直接四個一數，餘數和右邊的餘數合在一起，放在另一堆，與第一次變化的餘數堆區別開來。

下面還是兩堆四的倍數，完成兩次變化了。接下來進行第三次變化，還是一樣，先將兩堆四的倍數的籌策合在一起，再分為二，再從右邊拿一根出來，然後四個一數，餘數夾在手指間，左邊直接四個一

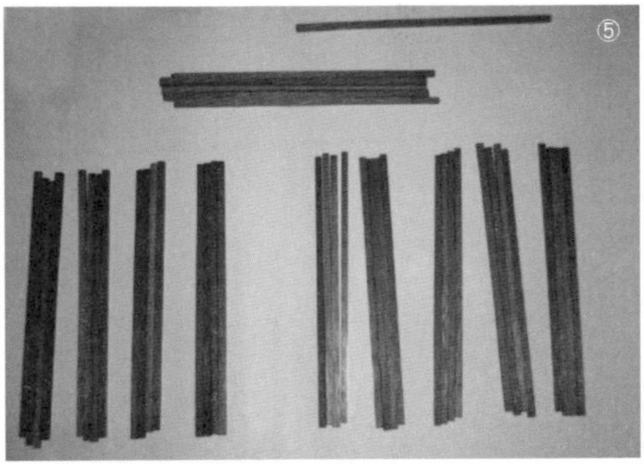
⑤

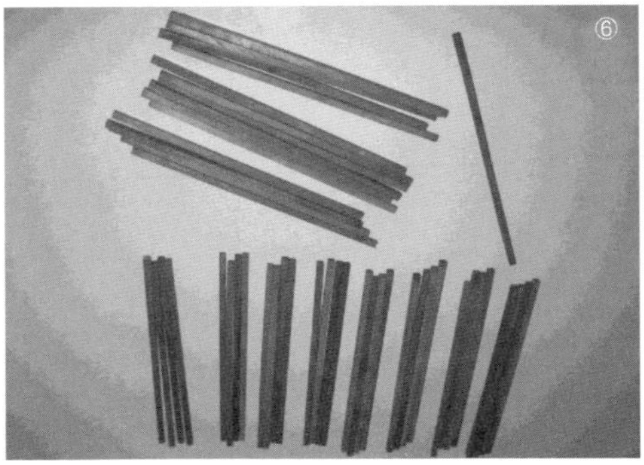
⑥

數，餘數和右邊的一起放做一堆。這就完成三次變化了，就可以得出第一個爻了。算一算最後留下的「四」有幾堆（圖⑥）？這裡有八堆，所以數字為「八」，是陰爻，叫少陰，寫在紙上，這是第一爻。如此如上重複演練，另外五個爻就會相繼出來。

演算過程中需儘量放鬆，經過十八次的分分合合，那是非常偶然、非常隨機的，人力根本不能控制。因為問題是自然呈現的，而在每一次的一分為二時，結果其實就確定了，所以它是隨機開展的偶然；分的時候是偶然，把它排出來則是必然。人生就是偶然和必然的結合，開創的時候沒什麼章法，到一段時間不行了，就得打散重新創造。偶然與必然經過十八次的反覆進行，把所有人為誤差、人力干預的可能性統統排除。

好，我們得出的第一個爻是陰爻。下面開始第二爻。

共同創作的結果

再開始推演第二個爻。還是一樣，「分而為二以象兩」，「掛一以象三」，經過三次變化後，這次出來的數字是「七」，是陽爻，少陽。少陰、少陽是不會變的，非常穩定，因為它還沒有發育成熟。我們在紙上畫個陽爻做記錄。然後進行第三爻。還是照第一爻的方法，經過三次變化，出來的數字是「八」，是一個陰爻，少陰，再記錄下來，下卦就完成了，這是一個坎卦（☵），而且是不變的。現在，要把希望寄託在上卦，看看可否脫險？

我們再繼續看第四爻的衍算，還是將四十九個籌策一分為二，再如上經過三次變化，出來的數字是「九」，是陽爻，而且是老陽，終於有變化了，總算有一點生機。「九」是老陽，要動，當然後面兩個爻還不知道，所以有四種可能。下面再算第五爻，就是君位，全卦最重要的位置。還是得照規矩四個四個來，最後一次變化，結果是「七」，是不動的陽爻。算最後一個爻，結果是「八」。上卦也出來了，是兌卦（☱）。

現在全部算完了，要強調的一點是，每經歷三次變化後，出來的堆數都是四的倍數；四的倍數只有四種可能，不是六堆，就是七堆、八堆或九堆，絕不會有別的。如果發現不是六堆、七堆、八堆、九堆，一定是在衍算時操作錯誤。

上卦為兌，下卦為坎，組成的是澤水困的困卦（䷮）。這就是二〇〇九年年底臺灣經濟的形勢。後來驗證，確實是如此的。如果第四爻不是動爻，那就是完全不變的困卦，「困」就是資源根本動不了，都消耗光了，卦象是澤中的水統統乾涸，但這裡還有一線生機，就是第四爻是變的，爻變為坎卦（䷜）。如果爻變為困中的坎象，就知道這個爻的處境是非常辛苦的。

斷占解卦

假定算出來的六個爻都是「七」和「八」，表示六個爻不會有任何變化；一旦有變化，就像春夏秋冬，就是陰陽老少的變化。「九」跟「七」是陽，「六」跟「八」是陰，一年溫度最高的時候是「九」，一年溫度最低的時候是「六」。「八」就是秋天，「七」就是春天。由秋天到冬天，基本上都屬於陰；比如由少陰到陰寒之氣越來越重；從「履霜」到「堅冰至」，由「八」降到「六」，溫度節節下降。

春暖花開的春天屬於少陽，溫度慢慢升高到夏天，七、八月份非常熱，就到老陽「九」了。從

「八」到「六」，氣溫下降；從「七」到「九」，氣溫上升。基本上還是陰與陽在各自的「量」上面產生變化，這叫做「量變」。可是夏天變秋天，老陽轉少陰，或者冬盡春來，老陰轉少陽，這叫「質變」。可見，「六、七、八、九」跟四時的循環完全對得上。而「天地之數」也並不神秘，是很基本的算術問題，一到十加起來就是「五十五」。「天地之數」是做為一個控制。因為不管算出什麼卦，最多算出六個「九」，即五十四，那是一個六爻全變的乾卦；最少是三十六，那就是一個純陰的坤卦，全部是「六」。這裡面當然都是有道理的。

接下來就要看如何斷卦。通常我們算出一個卦，如果全部是不變的少陰、少陽，不是「七」就是「八」，只要根據這個卦的卦辭、卦象去判斷，就可以找到我們要的答案。因為不變，所以爻沒有動，那就沒有任何的變數。這是最容易判斷的。但是，不變的狀況一般較少，通常變的可能性較大；像我們前面算的那個卦，唯一變化的可能就是第四爻，第四爻的爻辭就要列為重要參考。爻辭就是一個變化的概念，牽涉到可能會怎麼變，如何才能趨吉避凶？第四爻的變動，使原來的困卦變為坎卦；也就是說，一個政策還需執政的高層通過，除非最高領導人可以用行政命令解決。換句話說，台灣當局的政策能不能紓解民困，就是第四爻和第一爻的關係。第一爻顯然都空了，民不聊生，是坎卦；能不能解決問題？困卦第四爻的爻辭就可以做為參考。一般來講，遇到不變的卦，就直接看卦辭，算也沒有意義，因為所有的爻都不會動。通常只要出現一個「九」或者「六」，就代表有變的可能。

還有，爻變也有能量大小的差異。我們剛才算的六個爻的數字——八、七、八、九、七、八加起來，結果是四十七。這就要用極限數（天地之數）「五十五」去減四十七，結果差距是「八」，所以要由「八」來決定爻變的能量。亦即這個爻雖有變化的可能，但能量到底有多大，還要掂量掂量。

這是很重要的決定因素，因為爻變不必然等於卦變；主觀上有變化的意願和能力，還要看客觀環境是否允許你變化。或者，即使你有變化的能力，但其他人沒有，能不能變，就要看機緣。所以接下來要決定宜變的爻位。像剛才的相差數值是「八」，表示第八個位置是宜變的爻，從初爻開始往上數到第六爻，再從第六爻往下數，第八的落點是在第五爻，如果第五爻本身剛好有變的意願與能力，它就得到「宜變」的加持了。也就是說，如果這個爻剛好是「九」或「六」，表示它本身有變化的能力和意願，然後這個差數又剛好點到這個位置（機率有六分之一），就代表客觀環境也允許它變，所以它就得到加持了。而那個爻辭的份量就更為重要了。否則，只是擦肩而過，雖然還有一定的能量，但客觀環境還有阻礙。

所以「九」跟「六」只能說是可變的爻，通過用總量五十五減掉六爻數字總和的能量差，就可以知道環境給不給它機會？前面占出來的困卦六爻數字總和是四十七，與五十五相差八，我們從下往上數，再從上往下數，減數「八」落在君位第五爻，但君位是不變的爻，沒反應，下面第四爻是想變的，卻沒有得到強大的能量加持。

前面提到變爻要列為重要參考，因為它是唯一最有變的能量，所以除了困卦的卦辭、卦象要做整體思考，爻辭也要列為重要參考。困、坎二卦雖然還沒學過，但大家也約略知道一些，後來也證實二〇〇九年台灣民眾確實過得不輕鬆。當時大家也不敢奢望過高，只希望當年年底景氣可以稍微振作一下，因為爻辭「來徐徐，困于金車，吝，有終。」讓大家有了一線希望。後來確是如此。「來徐徐」就表示很慢很慢。爻往上發展叫「往」，往下發展叫「來」，官方政策希望能振興經濟、紓解民困，就是針對初爻。第四爻是陽爻，代表政府有實力實權；困卦初爻是老百姓，是陰爻，有跌到谷底的象。

居高位的第四爻，有責任紓困，所以它從年頭拚到年尾，設法啟動民間經濟的活力，效果來得很慢，也不明顯；爻辭下面有「困于金車」，表示只有百分之十到二十的效力。「金車」跟在地方上處在坎險中心的第二爻有關。第二爻跟初爻是近距離的承乘關係，跟關係較遠的第四爻之間，就有些爭奪。像四爻針對初爻的政策，要經過第二爻才能將資源送到第一爻，過這一手的中間，很有可能就被攔截掉了。換句話說，不管居高位的怎麼設法振興經濟，但效力很有限；有些錢可能流失掉了，或者卡住不動了，或者去填了更貪婪的坎險深處的口。這就叫做「困于金車」；這也可能是「來徐徐」的原因。現實社會的例子也很多，中央發放到地方的資金，很有可能被中間截取，或者被「金車」藏到保險箱裡去了，最後到百姓手上的就只剩下一點點，所以是「吝」，不是一個大開大闔的局面。困卦第四爻拚了老命，儘管少、儘管來得慢，到底還是給老百姓留下一點點資源，辛苦到年底，終於熬出了頭，得到一個「有終」的結局。全球的局勢大概都像困卦第四爻〈小象傳〉所說的「志在下也」，一心想為老百姓紓困，但礙於「金車」作祟，所以吃力不討好。困卦「九四」陽居陰位不當位，也是被罵得要死。

大衍之術的深度

《易經》的理氣象數包括時間在內，現在來看卦氣圖（左圖）。剛才占到困卦第四爻爻變為坎卦，坎卦就是冬天。春天是震卦，夏天是離卦，秋天是兌卦，冬天就是坎卦。冬天正好是年終。如果一定要對應，坎卦大致在復卦的冬至之後，復卦走到一半，約陽曆年底，陰曆十一月中的位置。不管是從陽曆、陰曆年看，剛好是年終，也是寒冬之象。而困卦就是在十二消息卦中的剝卦那個月份，是

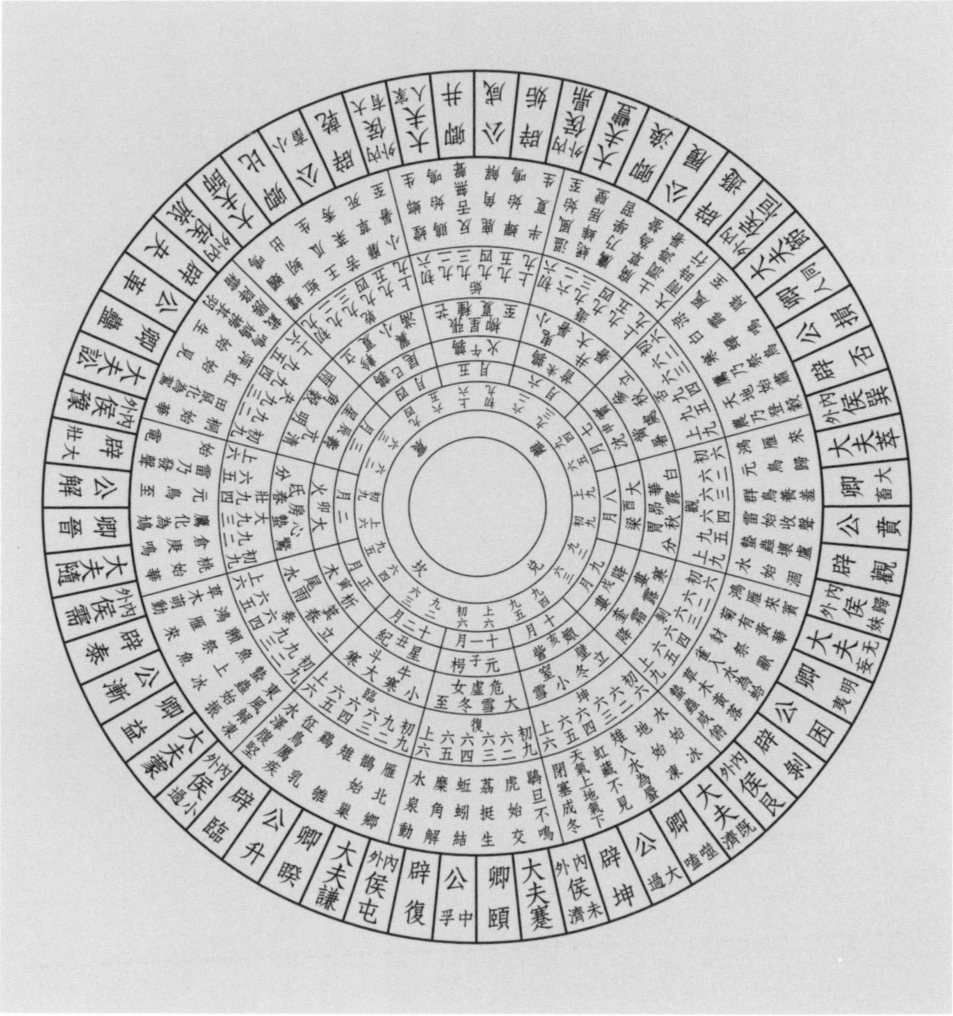

卦氣圖

陰曆九月、陽曆十月，而且是比較接近月底的時候。換句話說，也是在一年的最後一季，看看有沒有機會拚得「有終」？所以，從卦氣圖標示的時間上來看，跟我們的判斷也是呼應的。

我們算二〇〇九年臺灣經濟情勢是困卦第四爻，爻變為坎卦。記得二〇〇八年在全球DRAM產業以先進製程技術與優異的生產效率著稱的臺灣茂德科技，在當年最後一季全世界出現景氣倒退的狀況時，它就非常危險；當時在茂德科技工作的學生，占卦問茂德的未來，就是完全不變的坎卦。這很清楚就是險象環生的象，面臨生死存亡的關頭，而且也是在坎卦冬天陰寒之氣最盛時出的事。

剛才介紹的「大衍之術」看起來簡單，裡面卻包含無比複雜、精密的道理，我們今日即使有高科技的工具輔助，要創造出這樣的演卦程式也是很困難的。從實用來講，比起唐宋以後發展出來的金錢卦、梅花心易等只需十幾秒就能算出來的程式，當然要複雜得多。「大衍之術」是最古老的占卦方法，先秦時期就出現了，孔子等人也是用「大衍之術」算卦。這種方法最快也要三四分鐘；如果心平氣和，慢慢把十八次變化算出來，大概要八、九分鐘或十分鐘。時間較長，但剛好可以訓練心的專注和穩定，這是占卦最重要的修為。

我個人認為，除非特殊狀況，還是用這種比較繁複的占法為好。金錢卦或其他方式也不見得不準，但相較而言，「大衍之術」有義理的深度，而且是最正宗的。所以，何必在乎多花幾分鐘？如果多花的這幾分鐘時間，對你的人生困惑可以起到正面的指引作用，這是非常划算的，而且還可以幫助你切入卦、爻辭，瞭解《易經》的義理世界。其他占法雖然也可以結合卦爻辭，但是像「文王卦」之類就另外引入五行生剋等其他系統，根本就與卦、爻辭分離，純粹走術數的路子，機械式宿命論的色彩也比較濃。若想藉《易》修行，提高修為，自己就切斷了提升實踐能力的機會。還有就是機率的問題。這個問題我們會專門詳細說明。這裡先簡單提一下。也就是說，「六七八九」、「陰陽老少」出現的機率是有規律的，完全符合自然原理。嚴格來講，金錢卦靠擲三枚銅板，跟「大衍之術」的機率，在有些狀況下不會完全一樣。試想銅板的正、反面為陰、陽，機率絕對是百分之五十，就像自然界的雌雄、男女比例相近，不會差太多。將這種方法用之於解決難題，相較於大衍之術，我們會覺得，越是錯綜複雜的問題，通過「大衍之術」的盤算而顯現的卦、爻辭，資訊必定更豐富。如果你會解占、斷占，這種方法遠遠超過其他簡易的占法，尤其是跟卦、爻辭偏離的占法。像邵雍發明的「梅花心易」（也稱「梅花易數」）就因為十分簡易，受到後世許多占卦者的採用，但是以我的實踐接觸，用「梅花心易」短短幾秒鐘算出來的東西，有高度的不穩定性，如果學的人至少像邵康節那麼聰明，那麼，準的時候神準，但不準的時候也非常不準。不穩定度超過百分之五十，這不是開玩笑嗎？如果精確度、準確率低於百分之五十，還不如金錢卦丟銅板呢！

這套大衍之術的占法，各位學會之後，將來是「如人飲水，冷暖自知」。據我瞭解，大部分人在教占時，按傳統占法的還真不多，大部分都是用比較簡易的方式；從心態等各方面來講，簡易的方式犧牲不少東西，反而不能弄清真相。

大衍之術「左右」操作分析

我們在演占時會特意區分左右手，於是就有人問了一個很有趣的問題：我們都是從右邊拿一根籌策出去，可不可以從左邊拿呢？因為《易經》傳下來的規定就是從右邊拿出去的，大家也按這麼算。就研究《易經》來講，為什麼不可以從左邊呢？這是一個值得研究的題目。從實際占卦試試看，會發現把右邊變成左邊，結果有可能不一樣。首先，告訴各位，不論選右選左，一定要有選擇；分堆之後，從右邊或左邊拿一根出來，也要重複十八次。假定左邊可以，就得每一次都從左邊拿，不能忽左忽右，那就會完全亂掉了。而且我們發現，女性占卦，從左邊拿，可能比從右邊拿更好。現在會思考這個問題，一方面是因為古典資料無從查考，另方面則是我們確實有實踐經驗可證明，從右邊拿跟左邊拿的結果極可能不一樣；一爻之差就可能產生不一樣的結果，別說六個爻相乘的效果了。

找不到左邊的依據，怎麼辦呢？不過，這個問題也可以用實驗來解決。第一，就是拿左邊的籌策來看這個卦到底準不準？這當然是比較笨的方法。還有一種比較偷懶，就是用占卦來問：「可不可以用左邊進行『大衍之術』？會不會準確？」有問題就有答案，我們實際占卦的結果，就是完全不變的風火家人卦（䷤）。根據卦辭來判斷，家人卦為「利女貞」，「貞者，事之幹也」，適合女人這麼幹。這個回答看起來跟我們一般講的男左女右、左陰右陽有點關聯，這就很有趣了。之前我教占也教了十幾年了，心裡就很擔心女同學占的卦準不準呢？現在從易占給的答案看來，女性占卦用右邊也可以，但左邊會更好。其實過去女同學用右手占卦好像也沒出過什麼岔子，後來有些女同學全部改用左手占，我聽來的結果都是比右手好。所以用右手當然可以，全部用左手，尤其適合女性，這大概跟坤卦很細密、很豐富的特性是相符的。照這樣看，男性不建議用左手，女性則可左可右，但不能忽左忽右。為什麼傳統文獻上一定要從右邊呢？很簡單，自古有女人算卦的嗎？沒有。自古不管是實際負責占的專業人士或一般人，用「大衍之術」占卦的都是男人，所以規定用右邊。現在舊社會結束，女生也可以學占卦了，用左手「利女貞」，這就是一個回答。

大衍之術電腦化？

有些人在占卦時會急著想要有答案，尤其是遇到生死存亡一線之間的問題，哪能等十分鐘之後再決定？結果商機都過去了。那麼，現在資訊這麼發達，大衍之術可不可以電腦化呢？只要保持某一段時間的心誠，十分鐘、幾分鐘，甚至在霎那之間的差別在哪裡？可不可以一秒鐘就把結果算出來？整個算卦的操作程式中，有偶然、有必然，有分分合合的演算規律，是不是可以寫成可操作的程式，到時只要將自己的心念按程式輸入，一按鍵盤，答案立刻分曉？這樣的想法很早就有人提過。剛開始我們會覺得，利用「大衍之術」或其他占法，在三五分鐘或十分鐘內就可以算出來的答案，人生大概沒有比這更迫切的問題吧？而且衍占也是一種訓練，可以使自己在那個過程中靜下心來，想想自己的處境，多揣摩一下問題。當然，既然有人提出這個疑問，就得解決。把占卦程式化，理論上絕對可以辦到。比較難的是「隨機」的分開，因為它很偶然，經過十八次分分合合，把所有人為的誤差、操縱的意願都排除了；也把人生的始壯究、始壯究，由下而上、由內而外的繁複歷程統統整合了。既然理論上是可行的，就看程式寫得好不好？好不好用？還要結合大量的實際問答，才會知道程式設計是否成功？有個學生把一個法國人發明的電腦占法拿給我看，問我到底行不行？當時我也無法證實，沒辦法，只好占卦一問：「這套電腦演卦程式可不可行？」這樣問確實有一點邏輯上的問題，但也沒有別的辦法了。一占下去，結果就很抱歉，老外發明的東西占出來是不變的睽卦（䷥），剛好是與家人卦相綜的卦，反目成仇，各方面格格不入。可見老外這個程式設計不是太高明，自己打自己耳光。

二〇〇八年初，我們有個精通程式設計的同學，也是財務金融方面的長才，他自己就試著寫，第二個禮拜就來找我說，他設計好了一個程式，不知道準不準。我們還是占卦問一問，結果有突破了，占的是觀卦（䷓）。占卦不就是要深入觀察、要有穿透力嗎？此外，觀卦裡面還有爻變，而且是四爻齊變（下圖），動的是第五爻、第六爻，兩個「九」，還有第四爻為「六」，其實是上卦全變了；然後第二爻是「六」，也變，唯一不變的兩個陰爻就是初爻與三爻。二爻動，四爻、五爻、上爻全部都變動。這也是一個很好的占例，在這種情況下，觀卦出現過半數的變動，一旦出現變爻，就得用天地之數五十五做為控制數，減掉六爻的總和，是八、六、八、六、九、九，相加得四十六，與五十五相減，結果是「九」，由下而上數到第六爻，再從第六爻往下數，剛好落在原本就可變的第四爻，所以第四爻的爻辭在四個變數之中，應該是最強勢的。四爻變已經是過半數了，就像六個人投票，有四個人投反對票，結果一定是要變的；而第四爻剛好是宜變的爻位，好像得到加持一樣，它的力量在四個變爻中變數最強，這個爻就叫「主變數」。

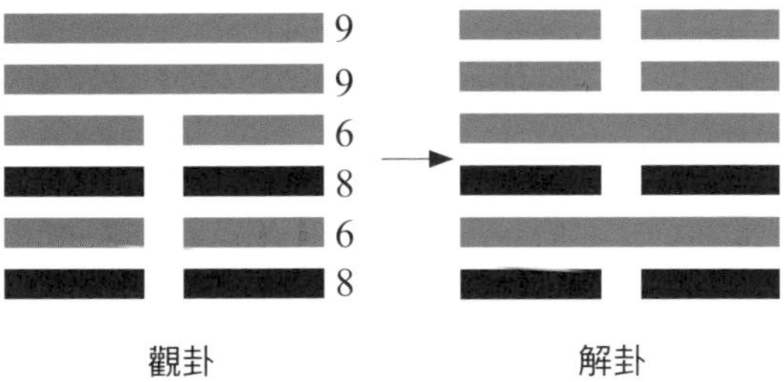

觀卦　　解卦

但另外三個爻的意見也不能不重視。人生會面臨很多問題，有時候會有很多變數，九、六代表有變數，有改變的可能；「七」、「八」代表不會變，很穩定，安於現狀，屬於保守派，它既不會變，也沒有主觀意願和能量變。所以宜變的爻位，要用天地之數減六爻的總數，看它落在哪一個爻上，就是客觀環境提供的一個機會。假定剛好是蠢蠢欲動的六與九，乾柴烈火，變得更快。如果這個爻位點到的是「七」跟「八」，這個機會就浪費掉了，徒留一個殘局。

話說回來，我們上面占的觀卦四個爻都是可能變的，第四爻的變化可能特別強，也是主要變數，其他要變的三爻是次要變數。我們做事、思考問題常常要抓重點，如果時間不夠，能抓到重點，大概就已經有五六成的勝算；如果時間夠長，可以參考其他次要變數，再做更完整的考量，勝算就更高了。觀卦四個爻齊變為解卦（䷧），第四十卦解卦不就是解開難題嗎？它前面的第三十九卦蹇卦（䷦）就是難題，解卦要解的就是難題，用最佳解法給出答案。所以，他的設計比老外更接近了，加上我們用一些實際的東西去算，只需六秒鐘，卦象就跑出來了，準確度非常高。後來很多人把一堆問題用這個程式去操作，答案出來，好像也沒有不準的。當然程式可能並不是唯一的，但這個設計應該是成功的；先是深入觀想，冷靜設計，然後得其正解。尤其是觀卦第四爻，我們先不詳細講，諸位將來會學到，就是客觀的意思。「觀」本來就要很冷靜，觀卦第四爻說要更深入，保持客觀，那就不會有蒙卦講的「初筮告，再三瀆，瀆則不告」的問題。

大衍之術的概率問題

接下來，講關於六、七、八、九出現的機率問題。我們上面也講了六、七、八、九包含春夏秋冬、陰陽老少的轉換，也就是由量變到質變的觀念。那麼出現六、七、八、九的機率又是多少呢？只要以前學過概率的數學，就可以直接算出答案來了——出現機率最高的是不變的少陰「八」。就像擲骰子一樣，擲十六次，有近半的爻是不會變的陰爻「八」，機率約有十六分之七。第二個出現頻率較高的就是不變的陽爻「七」——少陽，我們算任何一個爻，出現「七」的機率是十六分之五，四分之一強一點。而有變動可能的老陽「九」，十六次大概只有三次，出現的機率大幅降低，因為安靜、保守容易，想打破格局創新，那要有很大的能量，機率當然少。老陰「六」是最物以稀為貴的，十六次的機率大概只會出現一次變動的陰爻，這是必然的結果；因為陰極轉陽的力量，會比陽極轉陰的力量要大，機率是老陽的三分之一，它的能量則是「九」的三倍。我們在講乾卦和坤卦時曾說，至柔克至剛，「九」陽到極點，那是至剛，「六」陰到極點則是至柔；可是「至柔」的能量恐怕有「至剛」的三倍，從機率反推，越稀罕的越不容易出現。但是它一反彈起來，陰極轉陽的力量無堅不摧，故說「坤至柔而動也剛」。我們從這裡就能看出，一般陰性的力量是安於穩定、保守的；而陽性的力量一般比較浮躁，想衝想撞，所以陽爻要變比較容易，機率有十六分之三；陰爻要變的機率只有十六分之一，除非被壓迫到忍無可忍，最後反彈出來的能量一旦爆發出來，力量之大，非比尋常。

我們也可以發現，陰陽出現的機率剛好各半，十六分之七的少陰加上十六分之一的老陰剛好是二分之一；十六分之三的老陽加十六分之五的少陽，也是二分之一。整體來講，不管可變不可變，陽爻、陰爻出現的機率都是二分之一，永遠不會變。但是，在陰爻中，不想變的少陰「八」和可能變的老陰「六」比率是七比一。也就是說，大部分的陰爻、陰性的東西不想變，只有八分之一的機率才會出現強烈想變的「六」。陽爻就不是這樣了，少陽和老陽是五比三的比率。陽爻也有安定的時候，畢竟穩定還是第一選擇，可是到了老陽要爆發的時候，出現的機率還是佔了十六分之三。

從另外一個角度來看，十六分之一的老陰加十六分之三的老陽，不管是陰還是陽，就佔了十六分之四，剛好是四分之一，不變的十六分之七加上十六分之五，剛好是四分之三。看來，社會上永遠是沉默的大多數——「七」和「八」，永遠是習於安定，能忍耐就忍耐；走極端、會打破現狀的「九」跟「六」，永遠是社會的少數。這不是很合乎社會的規律嗎？四分之三的人，接近百分之八十是沉默的多數，習慣穩定，很難帶頭造成社會的改變，創意不夠，膽識不夠，就是「七」跟「八」；少數幾個不滿現狀、帶頭改朝換代、創造發明的佔四分之一；這四分之一中，男人佔三個，女人佔一個。女強人最特殊，可以一個抵三個，所以千萬不要小看陰爻，它一旦發揮作用，誰都攔不了。所以陽性的東西要達到最高點很容易，陰性要到一個最高點則很難，出現的機率十分罕見，但是能量更強。社會上很多這種例子，而且這個規律絕對說得通。陽爻要由「七」達到「九」是又快又多；陰爻要從「八」到「六」很不容易，變化的可能性截然不同。我們也可以這樣看，男人要熱情高漲、要變心、花心，八個男人中至少有三個，只有五個能面對誘惑不變心，可見，陽爻是不穩定的，八個有三個一衝動就到了「九」，所以不可靠；看起來女人還是比較可靠的，八個女人只有一個可能會變心，其他七個都是忍耐。俗話說，「癡情女子負心漢」，看來得到了驗證。有人說女人多變，其實男人才是多變的。

這就是我們所說的六七八九、陰陽老少的機率問題，以及至陰、至陽、至柔、至剛的轉換關係。可見《易經》的占法「大衍之術」還有很深刻的人生道理在其中。

大衍之術斷占分析

下面就是這一章的核心了。我們將針對演示時所占的困卦進行斷占的分析（下頁圖），這是「九四」爻一爻變的例子，而且經天地之數五十五減去六爻總數之後的數目，由下往上，再由上往下數，也沒有落在宜變的第四爻上，可見，第四爻變的能量不是很強，所以除了要參考困卦的卦辭，還是要參考那個變爻的爻辭。如果占出來的六個爻，是全不變的卦，就根本不用算，五十五一減，不管落在哪個位置，它都不會變；你給它機會，六個爻也統統不想變，這個卦就很穩定，沒有變動的可能。問題的答案就是卦辭，一個穩定的卦所象徵的整體環境，它提供你形勢分析、趨勢預測，然後建議你怎麼做。換句話說，占到六個爻都是七跟八，就是不變的卦，只要直接看卦象、卦辭就可以了，當然還有傳，像〈彖傳〉和〈大象傳〉都值得參考。其實〈彖傳〉已牽涉到爻；〈大象傳〉是分析上卦、下卦的互動，對一個卦的整體掌握很有幫助。占到不變的卦，在做判斷時只要不考慮爻辭就好了。這種斷占很簡單。

還有一種極端的例子，就是六個爻都是「九」或「六」。占到的卦叫「本卦」，爻變後的卦叫「變卦」或「之卦」。「本卦」也叫「貞卦」，這是專有名詞，「貞」是固守本分的意思。我們算出一個卦，如果它有變化的爻，就有可能爻變造成卦變；尤其有過半數三個爻以上，「本卦」就非常不穩定，多半是要變到「之卦」去了。就像剛才講到發明電腦占卦的觀卦，四爻齊變，變成雷水解的解卦。至於五爻變、六爻變就更不用講了。六爻全變，就是錯卦的變化，這個極端的可能就是陽爻都是九、陰爻都是六，遇到這種情形也不用算了，因為怎麼算這六個爻都想變，哪個爻的聲音更大一點，影響有限，因為它要重視團體，六個爻都想變，當然少數服從多數。要決定一個重大問題，全票通過，哪一票是董事長或員工的票，都沒差別，所以也不必考慮哪個爻剛好是五十五減下來的落點，直接根據它的錯卦卦辭、卦象做判斷就可以了。如果占到一個坎卦（䷜），六爻全變成為離卦（䷝），表示坎卦出現的霎那間就變成離卦；從一個掉到地獄裡面被死死套牢的坎卦，一下變成重見光明的離卦，那就要用離卦的卦辭、卦象做判斷。離卦從坎卦六爻全變而來，說明坎卦的狀態不會長久，很快就可以脫險，

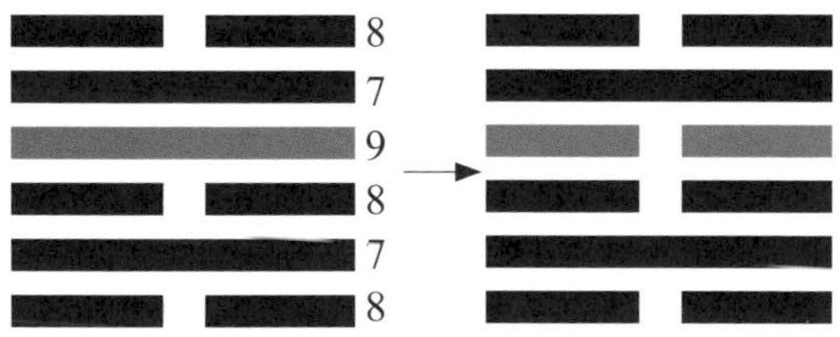

困卦　坎卦

離卦就會是主要的判斷依據。這種情形跟直接占到離卦不大一樣。直接占到不變的離卦，根據離卦的卦辭、卦象判斷即可；可是這種六爻全變的卦變，表示剛開始有一個險象環生的坎卦，結果瞬間六爻全變，變成離卦。這也不必考慮爻，因為那是一個瞬間發生的整體劇烈變動，只是多了「離是從坎變來的」這個資訊。這也不必去用天地之數去減。很多人學占，不管它是什麼，還在那邊算五十五；要記住，不變的六爻和全變的六爻這兩個極端就不必算了，直接用卦辭判斷就好了。

只要三個爻以上，變的爻越多，變卦的能量越大，時間、速度也越快，因為大部分都傾斜過去了，不可能維持在本卦。如果是三比三，本卦中有三個爻是想變的「九」跟「六」，另外三個爻是不想變的「七」跟「八」，這就很難說了。如果過半數，四比二、五比一，甚至六比零，全票通過，那個卦一定會變過去。若是三比三就會形成「貞悔相爭」的局面，因為本卦又叫「貞卦」，固守原狀不變；變過去的卦除了叫「之卦」，也叫「悔卦」，是提醒你別以為打破現狀一定好，變過去可能就會後悔了。「貞卦」與「悔卦」是雙箭頭，稱做「貞悔相爭」，這也是一個專有名詞，是很有趣的變化類型。因為正反意見各佔一半，兩邊爭執不下，雙方互相較量，鬧得社會不穩定。三爻以上多半是要根據變過來的卦判斷，三爻以下本卦多半不容易變過來，所以本卦的卦辭、卦象，都要做為重要的參考。

我們前面講過，若有一到五個爻出現「九」跟「六」，就要把六個爻的總數加起來，用天地之數五十五去減，好決定哪一個爻是更強的宜變之爻，哪一個爻是次要的；並將宜變之爻的爻辭列為重要參考。尤其在一爻變或兩爻變的情形，因為還沒有過半數，找出宜變之爻的做法，可以幫助我們在思考問題的時候分出主、次，這是很細膩的。如果沒有碰到宜變之爻，那就多半維持在本卦。這一、兩個想變動的爻雖然沒有取得客觀環境允許它變動的許可證，但它的能量跟意見不會輕易放棄。所以整個卦雖然不變，還留在本卦，卻留下了一個殘局，這就像那些失意政客，或者一時無法讓整個卦變過去的人，仍然會持續發揮作用，一旦時機成熟，它就會繼續在枱面上竄，造成一個或兩個爻變。在斷卦時，這些未來的隱憂都要考慮到，才不會疏忽卦象中隱含著另一個目前還不成為事實的卦。

斷占的原則大致是這樣，不是用本卦的卦辭，就是用變卦的卦辭做判斷的依據，卦辭當然是從卦象來的；再不然就是根據本卦那個最重點的爻辭，能參考其他次要的爻辭更好，萬一沒參考，也不用太緊張，因為最重要的爻辭已經掌握到了。絕對不會用到變卦的變爻爻辭來做判斷，因為爻辭就是變動的概念，既然A卦已經變到B卦，若還依據B卦相應的爻辭判斷，那不是又要變回來了嗎？假定在三個爻以內，或者是三爻齊變的「貞悔相爭」，參考的依據可能是本卦的卦辭，可能是變卦的卦辭，也可能是兩者的交集。那就是「and」和「or」的關係，可能A、可能B，可能兩者都有。大致如此。

六種斷卦的類型

斷卦的類型大致有六種。第一種是「六爻不變」，占出來的爻全是「七」跟「八」，用所占本卦的卦辭解占。就拿我們以前占的一個卦來說吧。在二十一世紀即將來臨時，我們問：《易經》在二十一世紀的發展會是怎麼樣？占出來的結果是「八八八七七八」，為澤地萃卦（䷬），這是六爻都不變的卦，所以答案就是萃卦的卦辭。也就是說，在二十一世紀的一百年間，《易經》學術的發展就是萃卦。萃是人文薈萃、出類拔萃，說明《易經》極有可能成為顯學。首先，《易經》是中華文化的思想源頭，是中國諸子百家思想最精華的部分，所以是「萃」。其次，萃卦還有精英相聚的象。自古以來，許多學術的發展都有盛衰起伏，而《易經》在二十一世紀的發展形勢就非常看好。這就是答案。這也是時代的機緣所致，因為萃卦前面是姤卦（䷫），機緣到了；下面就是升卦，上去了。姤、萃、升，有了這樣一個難得的機緣，發展相當可觀，絕對看好。所以，占到不變的萃卦，只要根據萃卦的卦辭、卦象就可以做出判斷，形勢非常篤定。

第二種是「六爻全變」，這種例子比較罕見。我們前面也說過，單爻出現「九」的機率是十六分之三，出現「六」是十六分之一，如果一個卦六爻全部都是九跟六，你就做乘法算算機率如何。六爻不變的機率比較大，六爻全變的機率則偏低。如果占到一個六爻都是「九」的乾卦，這種機率就更低了。出現一個九的機率是十六分之三，六個則是十六分之三的六次方，機率當然更低了。這還不算，機率最低的是六個爻都是「六」的坤卦，它是十六分之一的六次方，差不多是一千六百七十多萬分之一的機率。就我看過的歷史文獻，歷史上有名的占例從來沒有出現過；但是我還真遇過這種事，就是我在講坤卦的時候，有個女學生占了她的人生第一卦，結果她就占到一個六爻變的坤卦，六個爻都是六，那麼，坤卦不就變乾卦嗎？由無生有，本來坤卦什麼資源都沒有，變成乾卦就什麼都有了。這個機率是一千六百七十多萬分之一，所以當時我們都覺得難以置信。尤其是她剛開始學占卦，是不是搞錯了？我的一個助手當時在一旁盯著她做，也懷疑她是不是弄錯了。結果她很篤定，事實上她問的事到後來看起來也真是對的。我原來一直不信，這個例子我等一輩子、甚至等十輩子都等不到，由坤變乾不就是沒本買賣嗎？從完全沒有到擁有一切，怪異之極。當然，如果她占的是事實，這種最少的機率也有可能出現，說不定需要很多奇怪的力量在後面促成。後來，我對這個結果始終耿耿在懷，沒辦法，再占一卦吧！因此，我就以「她當時有沒有騙我」為問題，占了一卦，答案是正面的、肯定的，她確實占到六個六。遇到六爻全變時，就用變過去的錯卦做為判斷，不必考慮爻辭。我自己唯一占過的六爻全變，是兌卦（䷹）六爻全變，變艮卦（䷳）。艮卦是止欲修行，兌卦是想表現自己的情緒。本卦是兌卦，六爻全變成艮卦，那就要用艮卦論占。結果還真對，這是我十幾年前在一個公司負責督促銷售業績，那時經營總部每個月的業績太少了，月會時，總經理要教訓人家，當然有很多話想說，兌卦不就是拚命想說嗎？結果我占到兌卦，就是說罵得太凶，搞不好有反效果，那我該怎麼表達呢？策略就是兌卦六爻全變，變艮卦，每逢月會總結銷售業績時，一句話都不講，無聲勝有聲，威力更大。從完全想說的兌卦，變成閉口不言的艮卦。很有意思！這是我經歷過的六爻全變的例子，由兌變艮，最後要按照艮卦來行事。

第三種是「一爻變」。一爻變的例子就是我們教占算出來的困卦第四爻為「九」。爻變就有兩個可能，一個是根據天地之數相減之數剛好點到第四爻，第四爻就更強，斷占就得根據第四爻的爻辭判斷，而不是卦辭；另一個可能則是相減之數點到第五爻，第四爻還是要參考，但那個爻辭就不見得會發揮效應，也就是說，如果點到它，主客觀結合，效力就會增強；如果點不到，它只是有可能發揮效應，但不是百分之百，這時卦辭與沒有被點到的爻辭在斷占時要共同參考。這是宜變的爻位沒有被點到的例子。若被點到的呢？我們隨便舉一個例子。像剝卦（䷖），如果上爻動，即為「九」，下面是五個「八」，五個陰爻都不動，加起來是四十九，用天地之數五十五一減結果是六，剛好點到上爻，是剝卦唯一的陽爻。那麼，剝卦上爻爻辭就是最重要的答案。這個爻辭才好玩呢，它是說「君子得輿，小人剝廬」，小人剝到最後只剩一張皮，如果再剝就完蛋了。這時就要看你的修為，是君子或小人，結果完全不一樣，因為「易為君子謀，不為小人謀」。這個卦象若只有上爻動，是吉是凶，就要看處在那個環境中的人，他的精神、能耐、智慧、修為如何，如果是《易經》認可的君子，就沒有問題；若是小人，就會徹底被衝垮，死無葬身之地。這就是人生的一個極端考驗：如果結果是吉，就證明你是君子；如果結果是凶，原來你是小人。像馬英九特別費案，當時占的就是這個爻，民進黨以此為籌碼，把他剁到岌岌可危，到最後還是無罪，為什麼？君子也。《易經》中有很多這樣的微妙之處，有時候還分男女而有不同的結果。

第四種就是「兩爻變」。我們先談一個占例。這是我們為「二〇〇九年臺灣的政局形勢為何」所占的，結果是「九八八八九八」，就是屯卦（䷂），初爻與五爻動。以臺灣來說，第五爻是臺灣當局最高領導人馬英九的位置，初爻則是臺灣的老百姓。初爻與五爻是屯卦的兩個陽爻，六個數加起來就是五十，再用天地之數五十五減五十，結果是五，剛好點到馬英九那個位置。也就是說，二〇〇九年臺灣的政局，馬英九的舉措還是很重要，可是屯卦第五爻爻辭「屯其膏，小貞吉，大貞凶」，說明形勢窘困，資源有限，沒有多少政治資源可利用。在那種情況下，屯卦第五爻就是最主要的變數，初爻則是次要的變數，也要參考。屯卦如果第五爻爻變就是復卦（䷗），如果兩爻都變，屯卦中又有一個坤卦（䷁）的象藏在裡面。坤卦是陰曆十月，復卦是陰曆十一月，也就是說影響在年底，而年底剛好有縣市長選舉。所以，有主變數與次變數時，以「九五」的爻辭為主，「初九」的爻辭為輔。多方參考可能引動的變化，將有更多應變的成算。

如果兩個變爻都沒有被點到呢？我們舉一個升卦（䷭）的例子。如果動的是第三爻、第五爻，那麼占算出來的結果一定是「八七九八六八」，加起來是四十六。五十五減四十六減數是「九」，由下往上，再由上往下，點在第四爻。第四爻爻辭不管有什麼主張，都輪不到它變化，根本就不需要參考它，因為必須參考的爻辭一定是老陽「九」跟老陰「六」。這裡想變的結果沒有變，不想變的反而給他機會，造化弄人，人生很多時候就是這樣。可是第三爻和第五爻會善罷甘休嗎？何況五爻還是老闆的位置呢！但因為兩個爻也沒有過半數，所以斷占時就要以升卦卦辭為主，兩個爻的爻辭也要注意，它們兩個很可能因為沒有按它們的爻辭去變，就會組織失意政客聯盟，希望未來能促成兩爻齊變。如果兩爻齊變，上卦變坎，下卦也是坎，這就是升卦中有坎卦的象，明升暗坎，大局雖然是根據升卦的卦辭去掌握，可是兩個爻聯合作用，裡面就隱伏著坎卦的風險。這個卦是一九九六年李登輝參選總統時我們所占的卦，看卦辭是一帆風順，「南征吉」，南部的選票特別多，而且升卦的五爻動，那一定選上，可是第三爻就有無限玄機，第三爻說最後是一場空——「升虛邑」。換句話說，當選那一天，就進入坎險的深淵。這就很有意思了！明升暗坎。兩爻變造成升中有坎象，第三爻有更大的啟發意義。這就是說，即使這兩爻沒有被點到，它們的爻辭也要注意，除了有升卦卦辭顯現的結果，還要看內在可能的諸多狀況，要考慮那兩個想變而沒有變成的爻，會造成什麼樣的整體效應。

另一個例子就是恒卦（䷟），也是第三爻與第五爻可能動，算出來的是「八七九七六八」。這樣算的話，加數就是四十五，五十五減四十五減數是十，由下往上數，再由上往下，點到第三爻。同樣是恒卦，三爻、五爻都是變數，第三爻是主變數，所以恒卦第三爻的爻辭就要高度重視了，同時也要參考第五爻。這個象就是一九九六年我們為連戰占的，問「二〇〇〇年連戰競選的勝算如何」？結果是恒卦第三爻。第三爻是非常糟糕的：「不恒其德，或承之羞，貞吝。」未來並不樂觀，後來是民進黨上台。這是一個長達四年的預測，在當時的卦象中資訊就已經非常明顯，而且是兩難，不容易找到對策。好，以上是「兩爻變」。

第五種是「三爻變」。三個爻為九或六則是「貞悔相爭」。如果是剛好三爻，那是最微妙的，哪個地方加把力，就可能偏向哪一邊。第六種則是「四爻、五爻變」，超過半數，多半是要衍到之卦來了，那就根據之卦判斷。

這六種斷占差不多是如此，並沒有什麼特別難的。教占畢竟是一個程式，我想更重要的還是健康的心態，對大家有增益的效果，而不是迷信。因為《易經》最高明的不是占卦，而是「善易者不占」，這絕對是事實，修為提升、智慧提升之後，任何問題都不是問題，自己就可以判斷了，何必占卦呢？

「大衍之術」的問題與答案

接下來就是有關占例的問題，但在講解占例之前，我們先釐清幾個問題。其一是，針對同一個問題，不同的人去占，很有可能出現不同的卦象。到底誰準呢？誰都準。你知道多人占問同一個問題，出現同樣的卦、同樣的爻，機率為四千零九十六分之一。可是不同的卦象，並不代表不準；因為很多卦、爻是有共通性的，只是通過不同的面向，指向統一的結論。除非某個占卦的人身心有狀況，算出來的卦有問題。所以，如果針對同一個問題，尤其是跟個人私密無關的公眾議題，若占出不同的卦象，也可以驗證一下，不同的答案是不是指向一個共同性？

其二，占問時最好一個問題一個答案，問題越明確，焦點越集中越好。如果問題問得「太貪心」，想把這一輩子都問進去，想一卦定終身，將來不再問了，那你問的問題包羅萬象、鋪天蓋地，出來的答案也是鋪天蓋地的，焦距不明顯，含混朦朧。所以最好是問題明確、焦點集中，甚至最後要將答案落實為決策時，可以簡化成「yes」或者「no」那樣明確。

其三，問問題時，如果希望有明確的時間指示，或者想在問題中加上一些但書，來限制問題可能的最後範圍，這也是可以的。因為加上不同的但書就會出現不同的結果。例如這件事情你如果問前半年，有可能是不變的坤卦；如果問後半年，或者問往後三年、四年，時間條件放寬，出現的卦象也會改變。所以有時候還要看會不會問問題，問題是不是抓到要點？可見，設計問題也是一個學問。我們講過，爻辭本身常常還有但書，有君子、小人和男人、女人之別；也有旋乾轉坤、趨吉避凶的可能；有時則形勢比人強，不管怎麼做都很難翻轉。總體而言，它都會指引你一個方向，這也是《易經》人文性質比較強的地方。它不像算八字、紫微斗數那樣，你的生辰不是你能選擇的，未來的開展也是不能改變的。《易經》不是百分之百的宿命論，問題變了，答案就變了。類似的例子相當多，大家不必急，慢慢就會明白是怎麼回事。

占卦的基本要素就是只要你專注、真心誠意，不要犯可能的一些毛病，大概就很簡易，也沒什麼忌諱。雖然說占卦因為可以打通天地人鬼神的很多領域，可以穿透生前死後的狀況，但大致來講並沒有什麼忌諱，心誠就好，哪個時段能算不能算，也沒有忌諱。只是說在忙碌的生活中，占問的時候儘量不要被打斷，如果一下電話響了，老婆、小孩吵了，有時候算到一半中斷了，是接續還是重來呢？理論上都是可以的。越安靜的環境精神越專注，如果能夠不受影響，再吵的環境，酒樓、茶館等地照樣可以算，基本上也不會影響準確度。當然如果剛開始定力不夠，還是選擇比較清靜的時間和地點比較好。

《易經》相關詩詞

《詩經・召南・采蘋》

于以采蘋，南澗之濱；于以採藻，于彼行潦。
于以盛之，維筐及筥；于以湘之，維錡及釜。
于以奠之，宗室牖下；誰其尸之？有齊季女。

《詩經・豳風・七月》

七月流火，九月授衣；春日載陽，有鳴倉庚。
女執懿筐，遵彼微行，爰求柔桑。春日遲遲，采蘩祁祁；
女心傷悲，殆及公子同歸。

《詩經・衛風・氓》

匪我愆期，子無良媒；將子無怒，秋以為期。

編註：這幾篇詩與《易經》歸妹卦描述待嫁女兒心同調。歸妹「九四」爻辭：「歸妹愆期，遲歸有時。」〈小象〉解釋：「愆期之志，有待而行也。」「上六」爻辭：「女承筐無實，士刲羊無血，无攸利。」〈小象〉解釋：「上六無實，承虛筐也。」最後一場春夢竟成空。

《詩經・魏風・伐檀》

坎坎伐檀兮，寘之河之干兮，河水清且漣漪。
不稼不穡，胡取禾三百廛兮？不狩不獵，胡瞻爾庭有懸貆兮？彼君子兮，不素餐兮。

編註：此詩與《易經》漸卦描述鴻雁群棲的生態相近，提醒人生奮鬥勿貪安逸，不可尸位素餐，飽食終日，無所事事。漸卦「初六」爻辭：「鴻漸于干。小子厲，有言，无咎。」「六二」爻辭：「鴻漸於磐。飲食衎衎，吉。」〈小象〉解釋：「飲食衎衎，不素飽也。」坎坎為伐木聲，寘同置，亦見坎卦。「六三」爻辭：「來之坎坎。」「上六」爻辭：「係用徽纆，寘之叢棘，三歲不得，凶。」

《詩經・魏風・碩鼠》

碩鼠碩鼠，無食我黍；三歲貫女，莫我肯顧。
逝將去女，適彼樂土；樂土樂土，爰得我所。

編註：此詩與《易經》晉卦「九四」爻辭：「晉如鼫鼠，貞厲。」〈小象〉批判：「位不當也。」意義相同，嚴厲抨擊高官剝削百姓，以至民不聊生。

《詩經・大雅・瞻卬》

哲夫成城，哲婦傾城；懿厥哲婦，為梟為鴟。

編註：此詩刺周幽王寵褒姒亂國禍民，所謂紅顏禍水傾城傾國。《易經》泰極否來，同論盛衰存亡之理。泰卦「六五」爻辭：「帝乙歸妹，以祉元吉。」「上六」爻辭：「城復于隍，勿用師，自邑告命，貞吝。」〈小象〉解釋：「其命亂也。」否卦「上九」：「傾否，先否後喜。」

《詩經・小雅・白駒》

皎皎白駒，賁然來思；爾公爾侯，逸豫無期；慎爾優游，勉爾遁思。

杜甫詩〈贈衛八處〉

少壯能幾時，鬢髮各已蒼，訪舊半為鬼，驚呼熱中腸。

蘇東坡詞〈江城子〉

縱使相逢應不識，塵滿面，鬢如霜。

陶淵明〈飲酒〉、〈歸園田居〉詩

結廬在人境，而無車馬喧，問君何能爾？心遠地自偏。採菊東籬下，悠然見南山，山氣日夕佳，飛鳥相與還。此中有真意，欲辯已忘言。

少無適俗韻，性本愛丘山，誤落塵網中，一去三十年。

《詩經・衛風・碩人》

手如柔荑，膚如凝脂，領如蝤蠐，齒如瓠犀，螓首蛾眉，巧笑倩兮，美目盼兮。

編註：這幾首詩與《易經》賁卦意境相通。「六四」爻辭：「賁如皤如，白馬翰如，匪寇婚媾。」「六五」爻辭：「賁于丘園，束帛戔戔，吝，終吉。」「上九」爻辭：「白賁，无咎。」光陰流逝，人生種種繁華色相畢竟成空，智者當有歸真反璞之思。易象重在達意，得意忘象，得象忘言。

文天祥〈正氣歌〉

天地有正氣，雜然賦流形，下則為河嶽，上則為日星，於人曰浩然，沛乎塞蒼冥。

編註：此詩了然乾卦〈彖傳〉之意：「大哉乾元！萬物資始，乃統天。雲行雨施，品物流形，大明終始，六位時成。」

《詩經・小雅・小旻》

不敢暴虎，不敢馮河，人知其一，莫知其他。戰戰兢兢，如臨深淵，如履薄冰。

編註：此詩與泰卦「九二」爻辭意象相通：「包荒，用馮河，不遐遺。」又與履虎尾的履卦、君臨天下的臨卦相合。

《詩經・小雅・斯干》

載弄之璋，其泣喤喤；朱芾斯皇，室家君王。

編註：此詩所言朱芾為君王所穿朝服的蔽膝，臣下叩拜時所見，代表王者身份的尊貴。困卦「九二」爻辭：「困于酒食，朱紱方來。」即指依賴「九五」君王脫困後來救援，紱即芾。

《詩經・小雅・鶴鳴》

鶴鳴于九皋，聲聞于野；魚潛在淵，或在於渚。

編註：此詩同中孚卦「九二」意境：「鳴鶴在陰，其子和之。我有好爵，吾與爾靡之。」又與乾卦取象相似，「初九」爻辭「潛龍勿用」，九四爻辭「或躍在淵」。

《詩經・小雅・大東》

糾糾葛屨，可以履霜；佻佻公子，行彼周行。

編註：此詩與坤卦「初六」意境相通：「履霜，堅冰至。」

《詩經・小雅・四月》

匪鶉匪鳶，翰飛戾天；匪鱣匪鮪，潛逃于淵。

編註：此詩與中孚卦「上九」爻辭意境相通：「翰音登于天，貞凶。」

《詩經・小雅・北山》

陟彼北山，言采其杞，偕偕士子，朝夕從事，王事靡盬，憂我父母。溥天之下，莫非王土，率土之濱，莫非王臣，大夫不均，我從事獨賢。四牡彭彭，王事傍傍，嘉我未老，鮮我方將，旅力方剛，經營四方。

《詩經・小雅・出車》

王命南仲，往城于方，出車彭彭，旂旐央央。

《詩經・大雅・大明》

牧野洋洋，檀車煌煌，駟騵彭彭，維師尚父，時維鷹揚。

編註：以上三詩與坤、訟、大有、蹇、損等卦有關。坤「六三」：「或從王事，无成有終。」訟「六三」：「或從王事，无成。」蹇「六二」：「王臣蹇蹇，匪躬之故。」損「上九」：「利有攸往，得臣無家。」大有「九四」：「匪其彭，无咎。」

《詩經・小雅・伐木》

伐木丁丁，鳥鳴嚶嚶，出自幽谷，遷于喬木，嚶其鳴矣，求其友聲。

編註：此詩與升、困二卦有關。升卦地中生木，為喬木之象。困「初六」爻辭：「臀困于株木，入于幽谷，三歲不覿。」升而不已必困。

《詩經・周南・樛木》

南有樛木，葛藟纍之；樂只君子，福履綏之。

編註：此詩與困卦「上六」意象相通：「困于葛藟，于臲卼。曰動悔，有悔，征吉。」

《詩經・豳風・九罭》

鴻飛遵陸，公歸不復，於女信宿。

編註：此詩與漸卦「九三」意同：「鴻漸于陸。夫征不復，婦孕不育，凶。利禦寇。」

《詩經・召南・野有死麕》

野有死麕，白茅包之，有女懷春，吉士誘之。

林有樸樕，野有死鹿，白茅純束，有女如玉。

舒而脫脫兮，無感我帨兮，無使尨也吠。

編註：此詩與大過卦的情色意象密切相關，「初六」爻辭：「藉用白茅，无咎。」〈小象〉解釋：「柔在下也。」

《詩經・小雅・裳裳者華》

裳裳者華，芸其黄矣。我覯之子，維其有章矣。

維其有章矣，是以有慶矣。

編註：此詩與豐卦「六五」爻辭意境相通：「來章，有慶譽，吉。」

《詩經・大雅・既醉》

既醉以酒，既飽以德，君子萬年，介爾景福。

既醉以酒，爾殽既將，君子萬年，介爾昭明。

編註：此詩與晉卦意旨相通，〈大象傳〉稱：「君子以自昭明德。」「六二」爻辭稱：「晉如愁如，貞吉。受茲介福，于其王母。」

《詩經・大雅・假樂》

假樂君子，顯顯令德，宜民宜人，受祿于天，保右命之，自天申之。

編註：此詩與大有「上九」：「自天祐之，吉无不利。」巽卦〈大象傳〉：「君子以申命行事。」義理相通。

邵康節詩〈冬至吟〉

冬至子之半，天心無改移，一陽初動處，萬物未生時。

玄酒味方淡，大音聲正希，此言如不信，更請問包羲。

編註：此詩正揭示復卦之義，一陽復始，萬象更新，時當冬至節氣。

邵康節〈風月吟〉

涼風無限清，良月無限明，清明不我舍，長能成歡情。
終朝三褫辱，晝日三接榮，榮辱不我預，何復能有驚？
編註：訟卦「上九」爻辭：「或錫之鞶帶，終朝三褫之。」晉卦卦辭：「康侯用錫馬蕃庶，晝日三接。」

邵康節〈贊易吟〉

堯夫非是愛吟詩，詩是堯夫贊易時，
八卦小成皆有主，三才大備略無遺。
陰陽消長既未已，動靜吉凶那不知？
為見至神功效遠，堯夫非是愛吟詩。

邵康節〈觀易吟〉

一物其來有一身，一身還有一乾坤，
能知萬物備於我，肯把三才別玄根？
天向一中分體用，人於心上起經綸，
天人焉有兩般義？道不虛行只在人。

邵康節〈觀物吟〉

耳目聰明男子身，洪鈞賦予不為貧，

因探月窟方知物，未躡天根豈識人？
乾遇巽時觀月窟，地逢雷處識天根，
天根月窟閒來往，三十六宮都是春。

編註：八卦天人地三才之位小成，六十四卦大備。〈繫辭下傳〉第八章：「苟非其人，道不虛行。」月窟指天風姤卦，天根指地雷復卦。六十四卦中，兩卦相綜一體有二十八組，加上乾、坤、坎、離、頤、大過、中孚、小過八個自綜卦，共三十六個卦體，稱為三十六宮。

張載〈橫渠四句〉詩

為天地立心，為生民立命，為往聖繼絕學，為萬世開太平。

編註：這是北宋理學家張載傳頌千古的儒者為學宗旨。復卦重創新，〈彖傳〉稱：「復，其見天地之心乎！」離卦重文明傳承、繼往開來，〈大象傳〉稱：「明兩作，大人以繼明照于四方。」泰卦則有國泰民安、天下太平之象。

羅財榮詩

羲皇點畫一時情，不謂森然道可名，
義落言詮盡藤葛，何如山海自虧盈？

編註：此詩為老友少時所作，意境高遠開闊，品味不盡。

劉君祖易經世界1

易經的第一堂課
天道驚險人驚艷

作　　者：劉君祖
責任編輯：李濰美
內頁設計：張士勇
文字校對：趙曼如、李昧、鄧美玲、劉君祖
法律顧問：董安丹律師、顧慕堯律師
出　　版：大塊文化出版股份有限公司
地　　址：台北市 105022 南京東路四段二十五號十一樓
網　　址：www.locuspublishing.com
讀者服務專線：0800-006689
電　　話：(02) 87123898　傳真：(02) 87123897
郵撥帳號：18955675　戶名：大塊文化出版股份有限公司
總 經 銷：大和書報圖書股份有限公司
地　　址：新北市新莊區五工五路 2 號
電　　話：(02) 89902588（代表號）　傳真：(02) 22901658
初版一刷：二〇一五年十月
初版八刷：二〇二三年四月
ISBN　978-986-213-634-8
定　　價：新台幣三八〇元
Printed in Taiwan

易經的第一堂課：天道驚險人驚艷 / 劉君祖著 . --
初版 . -- 臺北市：大塊文化, 2015.10
面；　公分 . --（劉君祖易經世界；1）

ISBN　978-986-213-634-8（平裝）

1. 易經　2. 研究

121.17　　104018050

《易經》是民族智庫，文字發明前的集體創作

易經是群經之首，相傳6500年前從伏羲畫卦開始，
經周文王修訂卦爻辭，到孔子的集大成。經文雖然只有四千多字，
卻歷經時代的檢驗，裡面含納了歷代聖賢豐富的生活經驗和深沉的智慧。

《易經》是天人之學，蘊涵天地人的應對關係

《易經》對於中國文化的影響非常深遠，
幾乎所有的學問和技藝均受其啟發。
尤其神秘的易占，是中國術數之學的具體應用，
精確推演人生世事盛衰榮枯的變化，
而且隨著時代演變，以及個人的生命閱歷，
可不斷發現新的詮釋角度，令人讚嘆不已。

《易經》是憂患之書，經得起時間的考驗證明

64卦、384爻就是教人面對人生的種種橫逆，
找到化解的方法。
它的神機妙算、決策智慧，
自古以來被廣泛運用於政治、經濟及軍事領域，
面對全球化的今日，不僅有極大的發展空間，
更能給予高度的啟發。

《易經》的陰陽和合，為宇宙的生命基因解碼

《易經》卦爻符號表意系統所提供的信息和剖析豐富而精確，
它將陰陽互變的所有可能都考慮進去，
還可透過時間驗證預測結果。
易經64卦是宇宙的資訊網、信息庫，
想要探究生命的奧秘，就得參透其中的意義。

《易經》的古老智慧，能為21世紀的瓶頸解套

《易經》總合了不同時代的人生經驗與處世智慧，它是古代帝王學，
因為它不是一家之言，會不斷湧現新的創意構思，
具有未來趨勢的前瞻性，可以解決每個時代所面臨的困境。